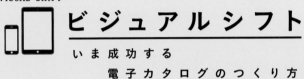

VISUAL SHIFT
ビジュアルシフト
いま成功する
電子カタログのつくり方

ビジュアルシフト

はじめに

　スマートフォンやタブレット端末などの「スマートデバイス」を社内に導入したものの、「期待したほどの効果が上がっていない」「導入によって社内が混乱している」「そもそも誰も使っていない」といった話を聞くことは少なくありません。普及がうまく進まない理由はいくつもありますが、紙のカタログとは異なるデジタルメディアならではの良さを引き出せていないケースがほとんどです。また、導入における「旗振り役」が十分に機能していないために、普及が進まないことも理由です。様々な機能を持った多彩な端末が次々に発売され、通信インフラも整ってきているにも関わらず、こんなにもったいない話はありません。

　本書は、メーカーやサービス業などのマーケティング担当者や広報・Web担当者、販売促進・営業統括部門などで働く方々向けに、スマートデバイスの導入や活用法、および核となるコンテンツである「電子カタログ」のつくり方について紹介するものです。導入の仕方、コンテンツをつくるフォーマットの選び方や企業の導入事例に至るまで、初歩からわかるように解説しています。

では、タブレットを導入しただけで企業のマーケティングや従業員のワークスタイルが一変するのでしょうか。答えは「ノー」です。デバイスの変化がコミュニケーションのあり方や働き方にもたらす変化の本質を踏まえ、それに合わせたコンテンツを作成したり、社員に利用を促したりすることなしには、端末を配布しても使ってもらうことすら難しいでしょう。

　新しいツールには、新しい発想が必要です。そしてその最も重要なもののひとつが、本書のタイトルでもある「ビジュアルシフト」です。紙のカタログをPDF化しただけの「電子カタログ」では、もはやこれからのビジネスにおけるリーダーシップは握れません。写真や動画などを効果的に組み合わせ、レイアウトを最適化することで、表現力や説得力、ユーザビリティを飛躍的に高めることが強く求められています。そして、その鍵を握るのは、やはりビジュアルの持つ情報伝達力なのです。

　本書を手に取った皆様が、すでに到来しつつある「ビジュアルシフト」の扉を開けることを願っています。

ビジュアルシフト

ビジュアルシフト
いま成功する電子カタログのつくり方

1章 なぜ、企業は次々にタブレットを導入するのか？
スマートデバイスがビジネスを変える ── 7

スマートデバイスの普及で企業にも押し寄せる
「ビジュアルシフト」の波 ── 8
ITビジネス界の巨人IBMは、なぜアップルと手を結んだのか？／ビジュアルにシフトする
コミュニケーション手段／「導入」ではなく「活用」がビジュアルシフト成功の鍵

Column
日本マイクロソフト ── 18
Interview
ソフトバンクモバイル／中山五輪男 ── 24

2章 デジタルコンテンツを何でつくる？
目的で選ぶ電子カタログ作成メソッド ── 33

紙のカタログと電子カタログは何が違う？ ── 34

電子カタログを読ませるデバイス ── 42

どのような目的で使うかを考える ── 44

制作するフォーマットを選択する ── 46

デジタルコンテンツを何でつくる？ ── 48
ネイティブアプリ／EPUB／iBooks Author／Adobe Digital
Publishing Suiteファミリー／BinB／Handbook／seap

Interview
アドビ システムズ／岩本 崇 ── 70
Interview
アマナ／八島智史 × ジェナ／手塚康夫 ── 78

3章 セールス現場が変わったのはどう変わった？
先進企業に聞く電子カタログ活用　87

[キヤノンマーケティングジャパン]　88
カメラ用交換レンズのカタログアプリ

[アウディジャパン]　96
リース試算や見積作成が可能な車のセールスツール

[GE ヘルスケア・ジャパン]　104
医療機器の営業担当向け電子カタログ

[ハイアット リージェンシー 東京]　110
宿泊・結婚式セールス、フロントで採用

[ベアエッセンシャル]　118
化粧品ブランドの店頭接客に iPad を活用

[日本コカ・コーラ]　124
オウンドメディア戦略をスマートデバイスにシフト

[神田外語グループ]　130
スマートデバイスを新しい教育ツールに

[東京會舘]　134
披露宴セールス現場で商談を効率化

Interview
PFU／松本秀樹　138

4章 今後のコミュニケーションのあり方とは？
企業にも押し寄せる「ビジュアルシフト」の波　143

ビジュアル重視の戦略が、新たなマーケットを築く　144
さらに企業ニーズに応えるタブレットの進化／タブレットへのシフトがもたらしたインパクト／スマートデバイスで変わる「コミュニケーション」のスタイル／「ビジュアル大量消費時代」の幕開け／ビジュアル化は企業の「資産」となる

Special Interview
アマナ／進藤博信 × 大谷和利　152

執筆協力　臼井隆宏　竹田 明（ユータック）　増田千穂（エースラッシュ）

1章

なぜ、企業は次々にタブレットを導入するのか？
スマートデバイスがビジネスを変える

　新世代のスマートフォンや、タブレットを含めたスマートデバイスは急速に普及し、私たちのライフスタイルはもちろん、ビジネスシーンにも革命をもたらしました。

　この革命は単に、アナログからデジタル、テキストからイメージという一方向性のものではありません。そのすべてを自在に操り、目的に応じて最も効果の高いバランスを見いだし、さらに個々の企業が持つ独自のノウハウと融合して生まれる、新たなビジネス戦略の核となる存在です。

　私たちは、この大きな潮流を「ビジュアルシフト」と名付けました。1章では、ビジュアルシフトが市場やビジネスに与えるインパクトを概観していくことにします。

スマートデバイスの普及で企業にも押し寄せる「ビジュアルシフト」の波

☛ **ITビジネス界の巨人IBMは、なぜアップルと手を結んだのか？**

　2014年の7月、IT業界を驚かせるニュースが世界を駆け巡りました。かつて、パーソナルコンピュータの市場においてライバル同士だったIBMとアップルが、エンタープライズビジネスに関する全面的な業務提携を発表したのです。

　その目的は、すでにFortune 500企業の98％以上に導入されているiPadやiPhoneが扱う業務関連情報を、IBMが持つビッグデータ解析技術によって分析できるようにし、個々の会社の自社ビジネスの「モバイル・ファースト＆クラウドファースト」への移行を強力に後押しすることにあります。

　つまり、もはやスマートデバイスを導入するか否かが問題なのではなく、導入されていることが大前提であり、それをいかに活用してビジネスを拡大するかが焦点となっているのです。このため両社は、各種業界（小売、ヘルスケア、金融、運輸、保険、医療、教育など）に特化した約100本のエンタープライズアプリケーションを開発予定であり、IBMはiPad／iPhoneの法人向け販売も手がけていきます。

ここでいう業務関連情報とは、従来からの日々の商品販売数や在庫数、売上や利益などの数字に留まりません。iPad ／ iPhone 向けの最新 OS である iOS 8 に組み込まれた生体センサー情報を束ねる「HealthKit」、ホームオートメーションの核となる「HomeKit」、そして店舗内でもユーザーの正確な位置を把握できる「iBeacon」などの仕組みが、これまでにないレベルでマーケティング情報の取得を可能とし、それを基にしたまったく新しい市場攻略の戦略を生み出すものと考えられるからです。

　また、エンタープライズ向けの機能が強化された iOS 8 では、生体認証を用いた Touch ID によるセキュリティもさらに強固なものへと進化し、IT 管理者がデバイスをリモートで管理できるほか、アプリ間でのドキュメント共有の自由度も高まり、作業を Mac との間で双方向かつシームレスに引き継げる Handoff 機能も用意されます。その結果、これまで以上にビジネスの現場での有用性が高まり、使わない理由がないところまで成熟したシステムになりました。

　個人利用などを通じて、一度でもスマートデバイスの利便性を知った社員は、いわゆる BYOD（Bring Your Own Device の略で、私物端末の業務利用を指す）への欲求を抑

えることが難しくなります。これまでセキュリティの観点から好ましくないとされてきたBYODを巡る状況もモバイルOSの進化によって大きく変化し、その勢いは押し戻せないところまで来ました。

　このように進化したスマートデバイスがつくり出す新たな流れに乗ることのできない企業は、すでに押し寄せつつある次世代のビジネス環境から完全に取り残されるといっても過言ではありません。パーソナルコンピュータ（PC）における三種の神器（ワープロ、表計算、データベース）の使いこなしがオフィスオートメーションであった時代はとうに過ぎ去り、スマートデバイス上でそれぞれのビジネス分野に特化したアプリをいかに活用し、顧客とのコミュニケーションを密に、かつ迅速に行えるかが業績に直結するときが到来したのです。

☞ ビジュアルにシフトする
　　コミュニケーション手段

　PCとスマートデバイスでは、ビジネス自体のスピード感もまったく異なります。なぜなら、顧客自身も最新のデバイスを常時持ち歩いて活用し、それを使ったリアルタイムのコミュニケーション手段を駆使して自らどん欲に必要

世界の PC・タブレット出荷台数

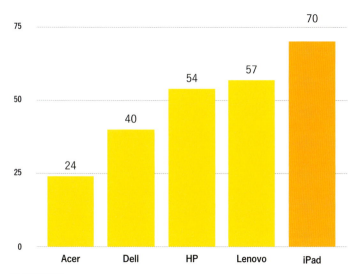

[単位:百万台]
（2013年10月〜2014年9月　ブランド別）

iPad の出荷台数は PC 全体には及ばないものの、ブランド別に見ると各社の PC（デスクトップ型とノート型の合計）よりも上回っていることがわかる。

な情報を収集。その上で、行動や購買に関する決定を即断即決で行う傾向があるためです。

　すでに世界中のスマートフォンの数は10億台を上回り、タブレットデバイスの代名詞とも言えるiPadも単体の累計販売台数が2億台を超えています。調査会社のIDCは、2015年にタブレット全体の販売台数がパーソナルコンピュータを超えるとの予測を発表しました。

　それらのユーザーは、市場における消費者としてだけでなく、企業が採用する人材の多くを占めるようになっています。いつでもどこでも利用できるユビキタス性を持ち、直感的なタッチ操作による使い勝手の良さを兼ね備えたスマートデバイスこそが、これからのビジネスのターゲットでもあり、企業を支えるインフラともなっていくのです。

　通信機器の世界的メーカーであるシスコシステムズが毎年公開しているレポート「Visual Networking Index」の「全世界のモバイルデータトラフィックの予測、2013〜2018年アップデート」によると、2013年の携帯端末による全データトラフィックの95％はスマートフォンによるものでした。スマートフォンの登場で、高品質な音楽、写真、動画など、人々が利用するメディアの情報量は急速に増え、こ

モバイルデータトラフィックの推移と内訳

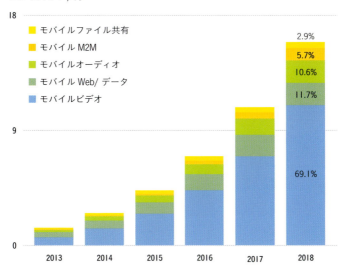

2014年以降の数値は予測
出典：Cisco VNI Mobile、2014年

モバイルデータトラフィックは年々増える傾向にあると予測されているが、2018年には動画（モバイルビデオ）の割合が69％を占める見通し。

れまでにない「大量データ消費時代」が到来したのです。

　さらに、7〜10インチクラスのスクリーンを持つタブレット型のスマートデバイスは、写真や動画のようなビジュアルデータの再生と閲覧により適した環境を提供し、様々なメディアの消費に向いていることから、「メディアタブレット」とも称されて大成功を収めています。

　このような動きも踏まえてシスコシステムズは、2018年の全インターネットトラフィックの実に69.1％、つまりほぼ7割が動画データになると予測しました。これは、コミュニケーションの手段が今にも増してビジュアルにシフトしていくことを意味しています。

　ところが、マスコミやアナリストたちは、当初、タブレットデバイスの普及に懐疑的な見方を示しました。実はこれはスマートフォンのときにも見られた傾向でしたが、既存の情報機器のあり方や情報アクセスの考え方にとらわれすぎてしまうと、市場の新たな動きを見逃しかねません。

　マーケティングに関しても、スマートデバイスの普及と視覚的コミュニケーションの浸透のトレンドを読み、いち早くビジュアルの効果的な活用法を見出した者だけが、競争に打ち勝てるのです。

世界のタブレットとPCの販売予測

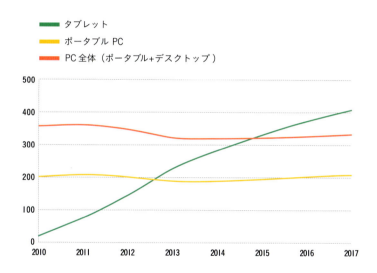

[単位：百万台]
2013年以降の数値は予測
出所：IDC（2013年2月現在）

PC販売数は横ばいが続く中で、タブレットは右肩上がりで増えていくことが予想されている。

「導入」ではなく「活用」がビジュアルシフト成功の鍵

　スマートデバイスのユーザーは、どん欲に情報にアクセスし、メディアを消費し、ネット上のアクティブなコミュニケーションを推進する人々であると考えて良いでしょう。そして、これらの人々は、市場における消費者としてだけでなく、企業が採用する人材の多くを占めるようにもなっていきます。

　社内外に数多く存在するスマートデバイスのユーザーと良好な関係を築き、ビジネスの躍進につなげるには、企業側もスマートデバイスありきの戦略を立てる必要に迫られていることは明らかと言えるでしょう。

　その戦略とは、具体的には、これまで紙ベースで行われていたことを、より表現力豊かなデジタル技術で補完、または置き換えて、企業内のコミュニケーションや意思疎通の迅速化を図り、スマートデバイスに対するビジュアル情報の発信を強化していくことにあります。

　ただし、PCや紙を単純にスマートデバイスで置き換えれば何かが変わるといった安易な期待は禁物です。企業がスマートデバイスの活用に失敗するケースには、「導入目

的がはっきりしない」、「社内のユーザー像や利用シーンが明確化されていない」、「アプリのインターフェースがユーザーの情報リテラシーと合致していない」、「スマートデバイスを前提とする働き方が想定されていない」、「全体的なスマートデバイス利用のロードマップがない」などの理由が挙げられ、これらをクリアして初めて成果が伴ってきます。アナログ技術や既存の営業・接客などのノウハウも一概に否定するのではなく、それをいかに新しいテクノロジーやビジュアル表現と融合して、最大限の効果を引き出すかを考えることも重要です。

　いずれにしても、ビジネスのツール、および情報発信の対象としてのスマートデバイスの普及が進む中で、企業の表現方法、ひいてはワークスタイル自体も必然的に変わっていくという認識は欠かせません。

　スマートデバイスが生み出す膨大なデータトラフィックのうち、どれだけの割合を自社の製品やサービスの情報に振り向けてもらうことができるか？　それは、いかにビジュアルデータを駆使して、スマートデバイスユーザーの関心を惹きつけられるかにかかっているといっても過言ではないのです。

Column

日本マイクロソフト
スマートデバイスで変わる
オフィスの姿

☞ スマートデバイスは「コミュニケーション改革マシン」

　スマートデバイスは、仕事やオフィスをどのように変えるのでしょうか。WindowsやOfficeの開発・提供元で世界的コンピューティング企業「マイクロソフト」の日本法人、日本マイクロソフトの例を紹介します。

　マイクロソフトは、PCや各種スマートデバイス向けWindowsやOffice、タブレットデバイスのSurfaceシリーズ、そしてスマートデバイスと連携して活用するクラウドサービスやソーシャルアプリケーションの提供に力を入れている企業です。自社OSであるWindowsのみならず、iOSやAndroidなど他社製スマートデバイスへのOfficeやアプリの提供も開始しています。全社員に自社製スマートタブレット「Surfaceシリーズ」や、最新Windowsの搭載されたスマートデバイスを導入し、クラウドサービスと連携させたスマートなワーキングスタイルを実践しています。

　その理由は、「お客様に製品を提供する以上、自分たちもユーザーとしてスマートデバイスを使うことは、当然のこと」（日本マイクロソフト 社長室コーポレートコミュニケーション部 部長　岡部一志氏）と考えているからです。

1章　Column 日本マイクロソフト

　同社では、全世界のマイクロソフトグループに所属する社員が、製品をリリースする前にそれを実際に使う機会を与えられます。その一環として日本マイクロソフトでもいち早く自社製タブレットを導入したのですが、それによって一番変わったのが「コミュニケーションのあり方」だと言います。

　「当社では、Surface シリーズがスマートデバイスにあたりますが、この導入によって業務効率や働き方にも好影響がありました。一言でまとめると『社内外のコミュニケーションが変わった』のです」（岡部氏）

マイクロソフトのタブレットデバイス「Surface Pro 3」は、タブレットとしても、ノート PC としても使えるのが特長だ。

同氏によれば、業務に関連するアプリやサービスを含めた導入によって、どこからでも会議に参加でき、モバイルワークの実践も容易になるという成果が得られたそうです。つまり、「時間」と「場所」の壁を越える効果が大きかったと言えます。

「2014年10月27日からの1週間をテレワーク推奨強化週間として、社員はなるべく会社に出社せず、スマートデバイスやクラウドを含むICTを活用して、在宅やリモートで業務を遂行するという活動を、賛同いただいた32の法人の皆様と実施しました。スマートデバイス、クラウド、そして通信環境があればどこからでも会議に参加し、打ち合わせをすることができます。社員は在宅だったり、カフェからだったり、あと賛同法人の皆さんとワークプレイスを交換して、我々が他社のオフィスに行って業務をし、また他社の方が当社に来て業務をするなど新しいテレワークを実践しました。私含めて広報部員も様々な場所から業務を遂行しました」(岡部氏)

 同社のスタッフ間でも、こうした実践の中から、スマートデバイスの使いこなし方や、メリットを100%引き出すノウハウが蓄えられていったわけです。

Ⅰ章 **Column** 日本マイクロソフト

☞ スマートデバイスで生きる
アプリと職場環境

　アプリ面ではどのような製品が実際に使われているのでしょうか。同社にとってスマートデバイスの活用に欠かせないアプリとして、Lync＊（リンク）が挙がりました。企業用統合コミュニケーションプラットフォームというカテゴリーの製品です。

　Lyncでは、全世界の所属社員の勤務状態がわかるほか、即座に連絡が取れるチャット（インスタントメッセージ）や音声通話、ビデオ会議の機能も備わっており、さらに資料の共有もサポートしています。その上、同社のメール＆スケジュール管理ツール、Outlookと連携して情報が自動的にリンクされるため、細々した処理に煩わされずに、業務に集中できるのです。

　「Lyncを使うと、ちょっとした用事であれば、わざわざ出向かなくても済みますし、私のような広報業務では、取材を受けている間に、その場で直接社長からコメントをもらうようなこともできてしまいます。そのほか、在宅勤務時や出張先からの会議参加なども行いやすく、時間を効率よく使えるようになり、上司に対する連絡も楽になるなど、

＊ Lyncは今後、世界中で使われているコミュニケーションツール「Skype（スカイプ）」と統合され、名称が「Skype for Business」に変更される。

組織のフラット化や意思決定速度の向上にもつながっていると言えます」（岡部氏）

　同社では、2011年2月のオフィス移転・統合を機に、全社員の6割ほどが固定の席を持たないフリーアドレスのワークスタイルに切り替わりました。これは、スマートデバイス導入に合わせた取り組みではなかったそうですが、結果として両者の相性は非常に良く、今では社内外を通じて、どこでも仕事ができる環境が実現しています。

　「私たちは、フリーアドレスや在宅勤務を戦略的に取り入れていますが、どこでも仕事ができる環境づくりには、居場所にかかわらず、きちんとしたコミュニケーションが取れることが大前提です。その点、スマートデバイスの導入は、コミュニケーションの強化につながり、現実に時間や場所を自由に選んで仕事をしても、成果が得られるようになったのです」（岡部氏）

　どのような仕事でも、良好なコミュニケーションなしに成果を得ることはできません。日本マイクロソフトの事例は、スマートデバイス活用の足がかりとして、まず、その部分の改革から着手してみるのも有効であることを物語っていると言えるでしょう。

1章　Column 日本マイクロソフト

「Lync（リンク）」の操作画面。オンラインミーティングや、オンライン上の社員へのコンタクトが可能。

フリーアドレス環境を実現し、オフィス空間での自由度が増すことで、社員同士のコミュニケーションが活発化した。

Interview

ソフトバンクモバイル

スマートデバイスが
ビジネスの現場を変える

👉 スマートデバイスの登場が新しい時代をつくる

——スマートデバイスの中でも、タブレットが注目を集めていますが、タブレット端末がビジネスに与えたインパクト、それがスマートフォン登場時に比べて大きい理由はどこにあるのでしょう。

中山：スマートフォンとタブレットはほぼ同じデザインです。ボタンの位置や意味、数も機種によって大きく異なるものではありません。両者の最大の違いは画面サイズです。この「画面サイズの違い」が、ビジネス分野で大きなインパクトを与えています。

日本では、iPadの登場で初めてビジネスユーザーが振り向いたんです。「これはPCの代わりになるのでは？」というのが大きなポイントでした。

最初に先駆的な企業、特に大企業が、営業マンに持たせて、プレゼンのスタイルを変えようとしました。iPadはパソコンに比べ、圧倒的に使い勝手が良かったからです。軽くて、バッテリーも長持ちし、3G通信内蔵モデルではインターネットへのアクセスにモバイルルータも必要としない。ボタン一発ですぐにインターネットにアクセスでき、

I 章 **Interview** ソフトバンクモバイル

Iwao Nakayama
中山五輪男
ソフトバンクモバイル株式会社
首席エヴァンジェリスト

なおかつ誰もが使える操作性。PCとは違った魅力があったわけです。

——タブレットは、プレゼンのスタイルを変えたとおっしゃいましたが、具体的には。

中山：営業マンの皆さんは、iPad登場前からノートPCでプレゼンや営業活動をしていました。ですが、自分のパソコンをお客様に渡して「どうぞ自由に見てください」とまでは、なかなかできませんよね。しかし、最近の営業マンは、iPadをお客様に渡すんですよ。「落とさない限り壊れませんから、自由に触ってください」と言って。

　営業現場では、お客様にどう「感動」を与えるかが重要です。その点iPadは、お客様の指と目と耳とハートをフルに使って感動を与えることができるデバイスなんです。もちろん、プレゼン、営業活動以外にも多くの活用事例がありますが、発端はプレゼンの変革にあったわけですね。

☞ ワークスタイルの変革を促す

——スマートデバイスはビジネスシーンを、今後どのように変えていくとお考えでしょうか？

中山：それにはまず、当社の例をお話しするのが適当で

しょう。

　ソフトバンクグループの中で法人ビジネスを中心に営業活動をしているソフトバンクテレコムでは、以前2800人の営業全員にiPadを配りました。そこで徹底していたのは、彼らが使っていたノートPCを全部置き換えたこと。その後何が起きたかというと、実は売上が落ちたんですよ。

　それまで営業マンは各自がノートPCで資料を作って、客先でプレゼンしていました。iPadはプレゼン自体には最適ですが、資料を作成することにおいてはPCの方が利用しやすい。そのため、営業マンが会社の中で資料をつくる時間ばかりが増え、お客様を回る件数が少なくなってしまったんです。訪問件数が減れば当然売上は落ちます。この状況に対応するためソフトバンクテレコムは組織そのものを変えることにしました。

　それは、資料作成の専門部隊を設置すること。資料は全部彼らが作成してクラウド上に置く。営業はクラウドからデータをダウンロードして、プレゼンしてきてください、と。つまり働き方そのものを根底から変えたわけです。このように、新しい道具、新しい時代に合わせて、組織やワークスタイルも変えていくべきですね。

I章　Interview ソフトバンクモバイル

建設会社における
iPad 導入事例

大量の図面も、タブレットに入れて
気軽に持ち運び・閲覧が可能。

普段業務に使っている Excel 帳票を
そのまま iPad 上で使えるようにする
ソリューション。

遠隔で事務所の様子がチェックでき
るアプリ。拡大すると壁の掲示板の
内容までハッキリ読み取れるほか、
エアコンの設定変更なども可能。

27

――スマートデバイスとビジュアルの関係についてはどうお考えですか？

中山：現場レベルでは、単に紙媒体から電子化するだけではなく、写真や動画など、ビジュアル要素を取り入れた新しい手法を試したいとどこも思っているはず。でもこれは、PCでもできることですよね。とはいえPCでやるととてもじゃないがバッテリーがもたない。その点、スマートデバイスはバッテリーの持ちもよく、ビジュアル要素を活用した営業スタイルも難なくこなせます。

スマートデバイス普及への課題

――今後、中小企業、さらには個人事業主に至るまで広くスマートデバイスが普及、活用されるには、どのようなブレイクスルーが必要だとお考えですか。たとえばコスト面はどうでしょうか。

中山：しばらくの間、大きく値が下がることはないと思っています。しかし、導入によって業務効率が数倍上がったという話も増えています。たとえば、外ではできなかった業務ができるようになり、会社や事務所に戻らなくても済む。残業時間も減り、人件費の削減にもつながります。

ただ、理屈はわかっていても、まだ踏み込めない経営者が多いのも事実です。タブレットの時代が来るのはわかるが、自分の会社でどれくらいコストメリットを出せるかはいまいちわからない。

――コストメリットを明確な数値として出せれば話は変わるのでしょうね。

中山：そうなんですが、こればかりは会社によっても業務によっても違います。となると大切なのは「テスト導入」です。ただ、これがうまくいっていないことが多い。会社の上層部数人だけに配ってもコストメリットなんて出ませんからね。それに、決裁権を持つ方自身が、世の中でiPadがどう使われているかよく知らないのも、導入へのハードルになっています。

――テスト導入を行う上でのコツはありますか。

中山：会社の中に1人は「ガジェット好き」がいるはずです。部署など関係なく、こうしたデバイスが好きで、なおかつ使いこなせる人に渡すのがいいですね。ポイントは、全権限を渡して、自由に使わせてあげること。

　すると彼らは、面白がって、会社のメールと連携させてみたり、会社のシステムにアクセスしてみたりと実験まで

してくれる。こうした状態で2〜3カ月やらせれば、自社の業務をどれだけ効率化するか、本当のところが見えてくると思います。

――コストメリットという言葉だけを追求している人でなく、そのモノ自体を楽しめる人じゃないと、100％使いこなすことはできないですからね。

中山：そうなんですよ。TwitterやFacebookなどのSNSも自由に利用させる。ゲームをやっても良い、音楽を聴いても良い、と自由度100％にしてあげる。それが重要です。

　スティーブ・ジョブズはかつて、iPadを「魔法のデバイス」だと評しましたが、制限を加えたら「魔法のデバイス」にはならないんです。

　ある製薬会社が社員に1000台以上のiPadを配ったのですが、情報システム部門が厳しすぎて、会社が用意したアプリ以外一切使ってはダメで、自由にアプリをインストールできない状態だったんです。すると、わずか数日で営業マンは使わなくなってしまった。効果が出ないことでようやく他の会社を見習い「アプリを自由に使ってOK」としたら、やっと導入効果が出たという話も聞いたことがあります。

I章　Interview ソフトバンクモバイル

👉 スマートデバイス導入を成功させるには？

——スマートデバイスを導入してビジネスを変えたいと思っている担当者に対して、アドバイスはありますか？

中山：iPadの場合、成功事例はボトムアップよりトップダウンで導入されたケースが多いように見受けられます。要は、上層部に理解を深めてもらわなければならない。iPadでどんなことができるのか、成功している企業の事例などを知ってもらう必要があります。その際は、私のようなエヴァンジェリストをぜひ使っていただきたいですね。ソフトバンクグループでは自分たちがまず試し、自分たちの成功体験をお客様に伝えています。自ら体験していることなので強いメッセージを伝えることができ、お客様も真剣に聞いてくれます。

　私自身、リアルな体験や苦労話をこれからもお伝えしていきたいですね。また当社では今、ありとあらゆるクラウドサービスを試しています。今後スマートデバイスを活用するには、クラウドサービスと併せた利用が欠かせません。今後は、そうした経験もお客様にお話しできたらと思っています。

2章

デジタルコンテンツを何でつくる？
目的で選ぶ電子カタログ作成メソッド

　前章ではスマートデバイス市場の概況と、今後どのように社会へ影響を及ぼしていくかについて説明しました。本章では、スマートデバイス上のコンテンツ作成の基礎知識、特にデバイスとフォーマットについて紹介します。

　電子カタログを、単に紙のカタログがデジタルに置き換わっただけととらえてしまうと、その魅力を十分に引き出すことは難しいでしょう。写真や動画をフルに活用し、直感操作ができるスマートデバイスの特性を理解し、デジタルファーストの発想でコンテンツを組み立てることが肝心です。ぜひ本章を参考に、目的に合ったデバイスやフォーマットを選んでください。

紙のカタログと
電子カタログは何が違う？

電子カタログと紙カタログの違いを認識した上で、はるかに向上した表現力やインタラクティブ性を生かしてコンテンツを電子化することで、導入の効果はよりいっそう発揮されます。紙媒体との使い分けも考えましょう。

☞ 格段に違う電子カタログの「表現力」

　スマートデバイスを活用した電子カタログと、従来からの印刷物である紙カタログ。そのもっとも大きな違いは「表現力」です。

　電子カタログは豊富なビジュアルで見る人に感動を与えることができます。文字・写真類はもちろんのこと、音声・音楽や動画、CG（コンピュータ・グラフィックス）といった表現力豊かな各種素材が利用できます。

　加えて、紙にはない特徴として、利用者の操作によって違う結果が表示される「インタラクティブ性」を持たせることが可能です。まして最近のスマートデバイスは、子どもからお年寄りまで直感的に操作できますから、誰でも「自分で動かすコンテンツ」を楽しむことができます。まさに「五感」で使えるデバイスと言えるでしょう。電子カタログを使うことで、今までの紙カタログでは伝えきれなかっ

2章 デジタルコンテンツを何でつくる？

た商品の特長がより的確に、より魅力的に表現できるようになります。

　逆に、カタログを制作・提供する側からすれば、単に閲覧する媒体を紙から電子デバイスへ変えるというだけではなく、きちんと「見せるコンテンツ」にも踏み込んで、紙カタログとは内容を変えていかなくてはなりません。

　紙カタログを単純にスキャンして電子化したり、または紙カタログの元データからPDFを出力したりという方法で電子カタログを作ることは簡単にできます。「とりあえず」の電子化ならばこれでも十分かもしれませんが、電子カタログに真の実力を発揮させたいのならば、一から「電子ならでは」のコンテンツをつくることが望ましいでしょう。

☞ 電子「ならでは」のコンテンツを目指して

　これまで紙カタログに満足していたとしても、ぜひ一度考えてみてください。本当はもっと内容を盛り込みたいと思っていたのに、ページ数の制限であきらめたことはありませんか。カタログだけでは伝えきれず、営業担当者のトーク任せになってはいませんか。説明する時にカタログのほかにDVDや自社サイトなど別のものを組み合わせて利用

していませんか。自分たちでは気づいていないだけで、実は「表現力のないカタログ」を手に、一生懸命営業マンが説明して顧客の理解を求めていたものが、電子カタログの採用で一気に解消されるかもしれません。

　特に、扱っている商品やサービスがもし「売る人によってかなり売れ行きが違う」ものだとしたら、それはビジュアルリッチな電子コンテンツの導入で、劇的に状況を変えることができるかもしれないサインなのです。

　電子ならではのリッチなコンテンツというと、どういうものがあるでしょうか。たとえば、トップ営業マンが自らPRする動画。顧客が指でなぞるだけでサービスの操作を体感できるインタラクティブコンテンツ。紙ではページ数の都合でできないほど大量の事例集に写真……。伝えたいものを全て盛り込んだ電子カタログがあるならば、営業マンは一言も話さなくとも、カタログを見せながら体験を促すだけでよくなるかもしれません。手法が標準化され、個人による成績差がなくなることもあるでしょう。極論すれば、スマートデバイスと電子カタログがあれば、有能な営業マンを雇うよりも低コストかつ効率的な営業ができるかもしれないのです。

☞「デジタルファースト」で変わるコスト

　これまで、電子カタログを作る場合に問題とされていたのが、制作コストがかかることでした。確かに、スマートデバイス登場初期には、対応できる制作会社が少なかったこともあり、アプリ一本に何百万円もかかることはざらにありました。現在でも、かけようと思えばそれくらいかけることも可能です。

　しかし一方で、現在プロモーションやマーケティング活動の中心は、デジタルに移っています。Webサイト、ブログ、SNS、YouTubeなどの動画投稿サイトといった場を利用していない企業はないでしょう。紙カタログをつくる場合ですら、デジタルデータが必要です。

　音声データや動画データも、以前に比べ格段に安く、手軽につくれるようになっています。自分たちで録音・撮影することもできますし、専門業者に発注してもさしたるコストとはなりません。最終的にいろいろな媒体で利用でき、劣化もしないとなれば、むしろ得になることのほうが多いのです。

　他方、紙カタログの場合には、最終的に「印刷」のコス

トがかかります。印刷では、どれだけつくるかの見極めが難しく、ムダが出ることも多い一方で、刷った数が少なすぎてカタログがすぐ品切れになってしまい、せっかくの機会を損失してしまうこともあり得ます。

　そこで、一般的には必要と思われる数より、多少多めに見積もることになるでしょう。ですが、数が多ければ印刷や保管・管理のコストもかかりますし、途中で内容が間違っている、変更になったなどの理由で破棄しなくてはならないこともあり得ます。そして、廃棄することになればまた別途費用が必要です。実は、何かとコストがかかり、機敏に対応できないのが紙カタログの欠点なのです。

　一方、電子カタログの場合は作成する部数に制限はなく、保管するための手間やコストも不要。配布するための輸送費もいりません。関係者が利用できる共有ファイルサーバーのようなところに置いておけば、配布するという考え方も不要です。記載内容は容易に修正できますし、利用しなくなった場合にも廃棄コストはかかりません。紙カタログで印刷以降の工程で発生するコストの多くが、電子カタログでは不要だということがわかります。

　つまり、つくった後にかかるコストが抑えられることが

「電子カタログ」のメリット

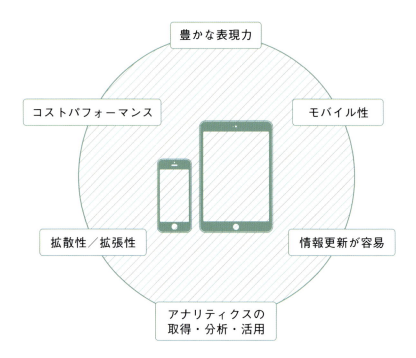

電子カタログの特長なのです。

👉 紙とデジタルのすみ分けや併用がカギ

　電子カタログを作るにあたって、紙カタログをやめる必要はありません。紙カタログには紙カタログの良さがあります。気軽に手渡しできることやお客様に保管していただけることなどをメリットと感じるならば、電子カタログと共に紙カタログもつくればよいのです。

　現在ペーパーレス化が進み、日常の業務がPCの中で完結するようにはなりましたが、紙という媒体は相変わらず身近で手軽な存在です。ただし、電子カタログと併用する場合、その使い分けを検討する必要があります。

　たとえば、電子カタログは、ページ数で印刷コストや持ち運びの利便性は変わりません。たっぷりといろいろな資料を入れ、お客様の要望を反映して見せるシミュレーション機能なども入れておきます。一方、その中から重要なポイント部分だけを抜き出したものを紙カタログにして、お客様に手渡すという方法があります。

　紙と電子カタログ、媒体ごとの特徴をとらえ、うまくすみ分けて併用するのが賢い活用方法です。

電子カタログを
読ませるデバイス

PC、スマートフォン、タブレット、電子書籍リーダーなど、電子コンテンツを読めるデバイスはいろいろあります。コンテンツと目的に合わせてターゲットとするデバイスを選定しましょう。

☞ 目的に合わせてデバイスを選定

　コンテンツを制作するにあたって標準とする閲覧用のデバイスは、早い段階で定めておきたいところです。必ずしも一機種に絞り込む必要はありませんが、画面サイズや表現力によってコンテンツの仕様自体が変わってしまうため、どんなOSと何インチ程度のディスプレイを搭載したデバイスを標準とするのか、といった程度には絞っておきたいところです。そして、これは制作の初期段階で決定しなければなりません。

　もしタブレットとスマートフォンのどちらもターゲットにしたいという場合、想定デバイスの画面サイズごとにコンテンツをつくり分けることをお勧めします。同じ素材を利用できますから、つくり分けても制作の手間やコストが2倍になるわけではありません。そして、その場合はより大きな効果が得られます。

2章 デジタルコンテンツを何でつくる？

多様化が進むスマートデバイス

タブレット

iPad Air 2 `iOS`
（アップルジャパン）
9.7 インチ

Xperia Z2 Tablet `Android`
（ソニーモバイルコミュニケーションズ）
10.1 インチ

Surface Pro 3 `Windows`
（日本マイクロソフト）
12.0 インチ

小型タブレット

iPad mini 3 `iOS`
（アップルジャパン）
7.9 インチ

LaVie Tab S ビジネス向けモデル `Android`
画像提供：NEC
（NEC）
8.0 インチ

Lenovo Miix 2 8 `Windows`
（レノボ・ジャパン）
8.0 インチ

スマートフォン

iPhone6 `iOS`
（アップルジャパン）
4.7 インチ

Xperia Z3 `Android`
（ソニーモバイルコミュニケーションズ）
5.2 インチ

どのような目的で
使うかを考える

電子カタログをより効果的なものにするためには、あらかじめ何のためにどう活用したいのか、その「目的」を定めておくことが重要。着地点を見極めることで、よりよいコンテンツ制作が行えます。

☞ 活用スタイルは大きく4種

　企業がデジタルコンテンツを活用する目的は、この後で紹介する4つに大別できます。まずはこのうちどこに当てはまるのかを考えましょう。

　1つめが「商品・製品カタログ」としての利用です。これは紙カタログよりも表現力があることを利用して、より魅力のあるカタログをつくることを目指します。動画なども利用できますし、紙媒体と違って判型にとらわれることなくコンテンツを効果的に見せられる形を追求できるのもポイントです。紙カタログよりも多くの情報を盛り込むことになりますが、詳細な数値のような情報よりも魅力を演出することを重視すべきでしょう。

　2つめは、「営業ツール」としての利用です。カタログよりも製品についてさらに掘り下げた表現をすることで、特に使い方を具体的に紹介することが効果的な商品の場合に

有効になるでしょう。この道具を実際に現場ではどう使うのか、使った場合にどういう効果が得られるのかといったことを、利用中の動画や、効果を描き出したCGで紹介するのです。写真を見ただけでは使い方や効果の分かりづらい医療関係などで活用例が多くあります。

　3つめは「店頭ツール」です。動画などを上手く利用して道行く人の足を止めさせるという動的POPとしての役割だけでなく、タッチ対応ディスプレイなどを活用してインタラクティブな機能を持たせる方法もあります。ページをめくる程度の操作をしてもらったり、簡単な選択肢を提供する形式でクイズやアンケートを実施したりと、見るだけでなく操作できるようにすることで興味を深めてもらうこともできます。

　そして4つめは、オウンドメディアによるブランド構築です。直接的な商品やサービスの紹介ではなく、自社そのものをPRするメディアをデジタルコンテンツとして作成します。一部大手メーカーなどでは紙媒体でもこうしたものがつくられていましたが、デジタルコンテンツならばより表現力のあるものを、在庫を持つリスクや配送コストなどを負担することなく制作・配布可能になります。

制作するフォーマットを
選択する

タブレットなどで表示でき、電子カタログに採用できるフォーマットは多彩です。必ずしも「本」の体裁をとる必要はなく、表示したいコンテンツの特性に合わせて自由度の高いものを選択するとよいでしょう。

☞ 固定・リフローデザインの混在も可能

　電子カタログを作成するにあたって、出力フォーマットは閲覧用デバイスと目的に合わせて選定すべきです。複数のフォーマットの中で迷った時には、基本的にはよりリッチにコンテンツを見せられるフォーマットを選択した方が良いでしょう。将来拡張する時のことも見据えておくことをお勧めします。

　電子書籍などの文字とビジュアルが混在したコンテンツは、リフロー型と固定型に大別されます。リフロー型とは、ページ数が固定されていないフォーマットのことで、ごく簡単に言えば「文字サイズをユーザーが手軽に変更でき、その結果コンテンツのページ数が自動的に組み替えられる形式」のことです。固定型は、その反対に文字サイズやデザイン、ページ数が固定されているもので、どちらにもメリット・デメリットがあります。

代表的な電子書籍のフォーマット

フォーマット	特徴	閲覧デバイスの制限
EPUB	電子書籍の標準フォーマット。世界的な標準規格であり、利用料金は不要	無 (要リーダーアプリ)
PDF	アドビシステムズが提唱するフォーマット。国際標準化機構による標準化もされ利用例も多い	無 (要リーダーアプリ)
.book	ボイジャーの提唱するフォーマット。オンライン接続したブラウザがあれば閲覧できる	無 (要オンライン接続)
.ibooks	iPad、iPhone専用の書籍フォーマット。ツールを利用して簡単にビジュアルリッチなコンテンツがつくれる。販売はiBookstoreに限られる	有
XMDF	シャープが提唱する独自のフォーマット。 シャープ以外のいくつかの電子書籍書店でも採用されている	有
AZW	AmazonのKindle用フォーマット。EPUBを拡張した独自フォーマット「MOBI（KF8）」に暗号やDRMを追加したもの	有

リフロー・固定型のメリットとデメリット

フォーマット	メリット	デメリット
リフロー	文字の大きさ、フォントを閲覧者が変更可能	文字と図表の詳細な位置関係、見せ方を開発者側で指定できない
固定レイアウト	1ページ単位での表現、演出が可能	文字サイズなど、閲覧者自身が読みやすくカスタマイズすることはできない

ビジュアルシフト

デジタルコンテンツを何でつくる？①「ネイティブアプリ」

スマートデバイスならではの機能を使い切る、高機能なコンテンツにできる「ネイティブアプリ」。技術面などから制作のハードルは高めですが、多機能で凝ったコンテンツが作成できます。

☞ 自由度は高いが制作難易度も高い

　ネイティブアプリとは、iOSやAndroid、WindowsなどOSの上で動くように作られた専用アプリです。制作にはObjective-C/Java/C++/Delphiといったプログラム言語を使用するため、比較的難易度が高く、アプリ開発の専門家がプロジェクトに必要です。

　iOS、AndroidなどOSごとに制作しなければなりませんし、OSのバージョンアップにも追従していく必要があります。またAndroid搭載端末では端末ごとに動きが違う部分などもあり、全体的な対応が難しいのが実情です。1つのソースで複数OS向けのアプリが出力できるクロスコンパイラ搭載の開発環境を利用するなど、効率化を考えなければ開発段階での負担は最も大きくなります。

　しかし、OSやハードウェアが持つ力をしっかりと使い切ることができるため、高機能なアプリにすることができ

2章　デジタルコンテンツを何でつくる？

「元素図鑑」

セオドア・グレイ氏によって開発された、iPadのための最初の電子書籍アプリ。美しいグラフィックと、さまざまな仕掛けで118個の元素を解説している。テキストは、さまざまな言語を切り替えて表示することができる。

画像はダブルタップすると表示が変わり、専用のメガネを使用することで3Dで楽しむことができる。

画面は指でなぞることで360°回転させることができる。

ます。GPS、プッシュ配信、各種センサーなどを利用したコンテンツをつくる場合、第一の選択肢になるでしょう。

　成果物の配信には、自社サイトなどからの配布を行う方法と、公式のマーケットを通じて配布する方法があります。社内向けアプリの場合には、自社内の Web サーバーを通じて配布するのがわかりやすい方法です。また、最近ではMDM（モバイルデバイス管理）ソリューションが各社から発表されています。ワイヤレスでアプリを配布し、バージョンコントロールを行い、ユーザーがどのように使っているかを把握するなど高度な使い方には、コストこそかかりますが MDM の導入がお勧めです。

　一般ユーザーに使ってもらいたいアプリの場合には、自社 Web サーバーを通じての配布も可能ではありますが、やはり公式マーケットである「App Store」ないし「Google Play」からの配布がおすすめです。

　特に、iOS 向けの場合は公式マーケット「App Store」経由でない配信では、一般ユーザーにとっては使いづらいため、ネイティブアプリにするならば「App Store」配信を目指すべきでしょう。そのためには事前の審査や、その審査にかかる時間や手間を考慮しなければなりません。

2章　デジタルコンテンツを何でつくる？

ネイティブアプリの制作フロー

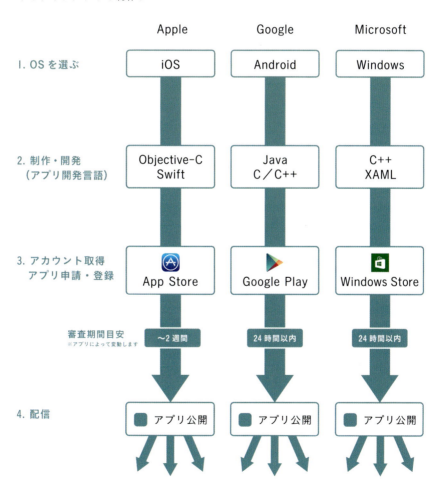

デジタルコンテンツを何でつくる？②「EPUB」

電子書籍の標準フォーマットである「EPUB（イーパブ）」。デバイスごとやユーザー指定次第で文字サイズが自由に変えられるなど可読性が高いのが特長です。文字を読むことを主体としたコンテンツに向いています。

☞ 読み物に最適でマルチデバイス利用が簡単

　EPUBは、電子書籍の世界標準フォーマットで、対応するデバイスやアプリケーションソフトが多いのが特長です。基本はWebページをつくる際に用いるHTMLに準じていますので、特別なオーサリングツールなしでも勉強をすれば誰でも制作することができます。また、制作ツールが豊富でかなり安価なものも揃っているのが魅力です。閲覧するための端末もスマートフォン、タブレット、PC、電子書籍端末などが自由に選択でき、１つのコンテンツをあらゆるデバイスで利用してもらうことが可能です。

　ページごとのレイアウトを雑誌や書籍のように固定することもできますし、端末やユーザーの指定に合わせて文字サイズを変え、図版などの位置も自動的にずらすようにするリフロー型レイアウトにもできます。特にリフロー型にすると、小さな端末でも可読性を損なわずに済みますし、

「iPad 用 MOTIF XF EPUB カタログ」

ヤマハのシンセサイザー、MOTIF シリーズの 10 周年を記念して EPUB で作成された電子カタログ。動画も閲覧できる。

目の悪い人にも読みやすくなります。

　世界的に小説や論文などのコンテンツが EPUB で電子化され、すでに普及が進んでいます。そのため利用している人も多く、新たに閲覧のための準備を行わなくとも簡単に利用してもらえる可能性が高いのも魅力でしょう。

　また、現在主流となっている EPUB3 では日本語ならではの縦書き表示にも対応しています。そのため、小説や詩のような文学作品の表示にはぴったりです。ルビをつけたり、禁則処理を行ったりといった処理も行えます。

　一方で、図や写真といった静止画を文章とともに見せる雑誌形式ならば無理なく行えますが、動画を主体としたコンテンツにはあまり向いていません。リッチコンテンツではなく、紙媒体に近い細かな表現のこだわりを実現することに向いたフォーマットです。

　制作にはさまざまなツールが利用できます。DTP ツールである「InDesign」やワープロソフト「一太郎」などは標準で EPUB 制作に対応しています。「Word」ドキュメントも「Word2ePub」のような変換ツールを利用すれば簡単に EPUB 化することが可能です。また「sigil」など無料で利用可能なツールもあります。

「EPUB」
策定：idpf（International Digital Publishing Forum）
URL：http://idpf.org/epub
価格：無料

EPUB作成ツール

ツール名	価格	URL
アドビ システムズ InDesignCC	月額 5,000〜7,000 円	http://www.adobe.com/jp/products/indesign.html
ジャストシステム 一太郎 2015	25,000 円（税別）	http://www.justsystems.com/jp/products/ichitaro/
デジタルコミュニケーションズ Word2ePub	500,000 円（税別）	http://www.sgml-xml.jp/tools/Word2ePub.html
オープンソース sigil	無料	http://code.google.com/p/sigil/

リフロー型（再流動型）の仕組み

元の文字データをその都度画面や設定に応じて表示する仕組み。端末や文字サイズ設定などによって表示される内容が変化するのが特徴。

デジタルコンテンツを何でつくる？③ 「iBooks Author」

Mac + iPad の環境があれば、無料かつ手軽に見栄えのする電子ブックが作れる「iBooks Author（アイブックス・オーサー）」。iPad を閲覧デバイスとして想定しているならば、かなり扱いやすく便利なツールです。

☞ アップル純正の電子書籍制作ツール

iPad で読める電子書籍フォーマット「.ibooks」を生成できるツールが、iBooks Author です。アップル自身が無料で提供しており、Mac App Store から誰でも簡単に入手可能です。横向き、縦向きのテンプレートデザインが多彩に用意されているため、社内向けの簡単なコンテンツなどはすぐに作成できるのも魅力でしょう。

もともと教育機関で教育用コンテンツを手軽に制作することを目的としたツールなので、操作は簡単です。画像や映像の埋め込みはドラッグ＆ドロップで行えますし、インタラクティブな図表の挿入や、マルチタッチへの対応も容易に行えます。見栄えのする iOS 向けコンテンツを手軽に作成したいならば、非常によいツールとなっています。また、内部に HTML ファイルを埋め込むこともできるので、HTML5 で作ったオリジナルのコンテンツを埋め込んで複雑

2 章　デジタルコンテンツを何でつくる？

iBooks Author によるコンテンツ制作

Mac があれば無料で使えるのが最大の特長。お試しで作ってみようという場合にも最適。テンプレートが用意されているので、レイアウトに悩むこともない。

Mac App Store
よりダウンロード

縦横様々なテンプレート

な動きをさせることも可能です。

　「.ibooks」ファイルは iOS 向けです。iOS 向けのブックストア「iBooks Store」でしか販売できない形式です。また、申請してアップルが認めた場合のみ販売ができるなど有料販売を行おうと思うと、いくつかの問題があります。

　なお、汎用フォーマットである PDF 形式での書き出しもできますから、PDF 形式で販売できる別のストアを利用するならば、問題ありません。また「.ibooks」形式のファイルを自社サイトなどから無料配布するのは自由です。iBooks Store でも無償配布するならば審査はないようです。

　また、「.iBooks」フォーマットのデータ自体は、iPhone や iPod touch にも対応していますが、iBooks Author で作成された電子ブック（＝マルチタッチブック）に関しては iPad のみで閲覧可能であることも注意したいポイントです。

　教育機関向けに、iBooks Author で制作された電子教科書の導入を支援するサービス「iBooks テキストブック」が開始されており、iPad を導入した教育機関では契約出版社の電子教科書タイトル群から一括でライセンス購入できるようになっています。教育関連企業ならば、こうしたサービスを利用するのもよいかもしれません。

2章 デジタルコンテンツを何でつくる？

「iBooks Author」
提供元：アップル
URL：https://www.apple.com/jp/ibooks-author/
価格：無料
利用環境：Mac OSX 10.9 以降、iBooks 3.0 以降（プレビュー / 閲覧用として iPad にインストールされていることが必要）

iBooks Author は Mac があれば無料で使えるのが最大の特長。
あらかじめ豊富なテンプレートが用意されている。

「.iBooks」型式のファイルが準備できたら、iBooks Author から
iBooks Store への公開が可能。

デジタルコンテンツを何でつくる？④「Adobe Digital Publishing Suite ファミリー」

紙媒体やWeb媒体の制作現場でプロが使うツールといえばAdobe（アドビ）製品です。もちろん、電子書籍や電子カタログの制作にも対応。今、グローバルで最も使われているツールと言えます。紙媒体などの制作スキルがある環境でのコンテンツ制作に向いています。

☞ あらゆるデジタルコンテンツ制作に

　複数ページからなる紙媒体の編集ツールとして、現場で最も使われているのは「Adobe InDesign」でしょう。「Adobe Digital Publishing Suite」は「Adobe InDesign」と組み合わせて利用し、電子書籍を作成するためのツールです。

　すでにInDesignを利用している環境で、InDesignで作成したファイルを利用して電子書籍などをつくりたいと考えている場合に最適なツールだといえます。紙媒体と電子媒体の両方をつくりたい、紙媒体で利用したデザインを流用したいというような場合に、ムダなくコンテンツ作成が行えます。もちろん、単純に紙から置き換えるだけでなく音声やビデオのストリーミングを埋め込むなどしてインタラクティブなコンテンツづくりが可能です。

　また「Adobe Digital Publishing Suite ファミリー」は制作し

2章 デジタルコンテンツを何でつくる？

電子カタログではリッチな
ビジュアルコンテンツ展開が可能

Adobe Digital Publishing Suite の機能紹介のために制作された架空の
自動車の電子カタログ。デジタルの表現力ではじめて可能になる
美しいビジュアルが数多く掲載されている。

たコンテンツを Mac App Store 経由で販売したり、クライアントや同僚と共有したりといった機能も持っています。単純に1コンテンツを1ファイルとして配信するだけでなく、連続的なコンテンツとして分割配信することもできますので、書籍を章ごとに販売したり、定期刊行したりすることも可能です。また、社内のみでの配布や、マーケティングツールとの連携など複雑なことも行えます。情報を外部に漏らさず社内向けのみで利用したい場合にも、コンテンツを安全に保つ技術が用意されています。

　iOS 搭載端末向けにコンテンツを配信することを得意としていますが、Android と Windows 向けにもネイティブ版のコンテンツビューアが用意されているので、多彩な端末で閲覧されることを想定したコンテンツの制作も行えます。

　またコンテンツ視聴中のユーザーに向けて任意のタイミングでアカウント作成や関連アプリのダウンロード、サブスクリプションの購入といった行動を促すための情報スクリーンを表示することも可能です。iOS を搭載した端末向けには、スケジュールに従ってテキストを送付するプッシュ機能もあります。コンテンツを配信するだけでなく、配信後に何かを行いたい場合に便利な機能です。

2章 デジタルコンテンツを何でつくる？

「Adobe Digital Publishing Suite ファミリー」
提供元：アドビ システムズ
URL：http://www.adobe.com/jp/products/digital-publishing-suite-family/buying-guide.html
利用環境：Adobe InDesign CS5 以降

Adobe Digital Publishing Suite の制作フロー

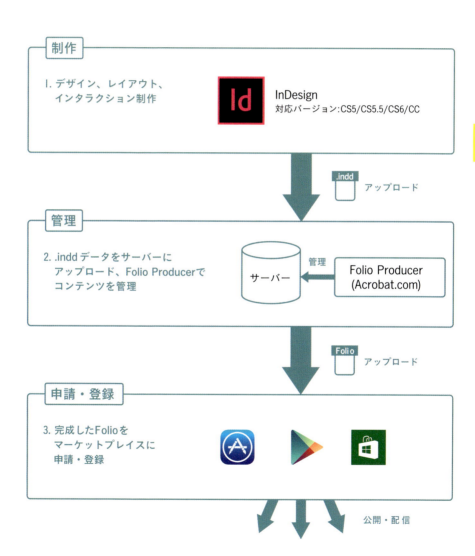

デジタルコンテンツを何でつくる？⑤「BinB」

ブラウザさえあればどんな端末からもコンテンツが読める「BinB」。利用者側に要求されるスキルや手間の少なさは特筆すべきもの。閲覧環境を選ばないことが最大の魅力です。

👉「ブラウザで読書」の手軽さが魅力

　ボイジャーの提供する BinB（Books in Browsers）は「ブラウザさえあれば読書ができる」のが特長のビューアソリューションです。Windows PC はもちろん、Mac、iPhone、iPad、Android など幅広い端末でコンテンツを利用できます。

　コンテンツを閲覧させようとした時、普及している形式でも専用アプリのダウンロードをする必要があるのは大きなハードルです。その点、ブラウザがあればよい BinB なら操作も簡単で、IT スキル、リテラシーの低いユーザーに向けたコンテンツにも十分に対応可能でしょう。

　コンテンツは、EPUB3 のリフロー型／フィックス型コンテンツをはじめ、PDF、画像連番ファイルなど多様な形式に対応しています。「ドットブックビルダー（.book Builder）」という専用ツールを用いて作成する「.book」というファイル形式での配信も可能です。このツールの利用契約は年間契約で行い、従量課金で利用する形式です。

「BinB」
提供元：ボイジャー
URL：http://binb-store.com/
価格：ドットブックビルダーライセンス契約（年間 50,000 円）、配信マスターファイル制作（1 ビルド 1,500 円）など

BinB によるコンテンツ表示画面
BinB は、ブラウザだけで電子書籍が閲覧できるのが最大の特長。機種を選ばず配信できるというメリットがある。縦書きもきちんと最適化されて表示される。

ドットブックビルダーによるコンテンツ制作画面
ソースファイルから .book 形式のファイルを生成するためのアプリ。ボイジャーとライセンス契約することでツールが提供される。

デジタルコンテンツを何でつくる？⑥「Handbook」

社内コンテンツを手軽にスマートフォンやタブレット向けに電子化する「Handbook」。プレゼンテーション資料や会議資料などをまとめ、共有する機能に優れています。

☞ 社内の資料を電子化・共有

　既存のファイルを活用して電子カタログ化するのに向いたツールが Handbook です。

　社内には PDF やパワーポイントで作られた資料などがたくさんあります。そうした既存ファイルをまとめてドキュメント化し、iOS や Android、Windows8 デバイス向けの電子コンテンツとしてまとめられます。特別なツールは必要なく、既存ファイルをドラッグ＆ドロップだけの簡単な操作で編集作業ができます。また、Dropbox のフォルダを指定するだけで1つのコンテンツにするなど手軽な作業環境が整っています。そのため、電子カタログの作り直しも容易に行えますし、部署単位などで制作することもできます。

　アンケートやクイズの作成も可能で、簡単なインタラクティブ機能も備えています。プロのデザインを必要としていないような、社内資料を社員同士で活用する、紙資料を電子化するなどの利用に向いているといえるでしょう。

2章　デジタルコンテンツを何でつくる？

「Handbook」
提供元：インフォテリア
URL：http://handbook.jp/
価格：月額 20,000 円（共用サーバ、1GB、50 ユーザを含む）

Handbook を用いて制作されたコンテンツ事例

Handbook で作成したインテリアカタログ。各種タブレットやスマートフォンに対応している。

コンテンツは Web 上の Handbook Studio で登録、編集が可能。

デジタルコンテンツを何でつくる？⑦「seap」

魅力的なビジュアルのアプリが、エンドユーザー自身で手軽に作れるのが「seap（シープ）」の魅力です。Mac 環境、Xcode 環境がなくてもアプリビルドが可能で、作成したアプリの配信もサポートしてくれます。

☞ ドラッグ＆ドロップでアプリを作る

　seap はブラウザ上でドラッグ＆ドロップするだけでアプリがつくれる簡便なインターフェースで、iOS 向けアプリが作成できます。

　PDF や Excel/Word/PowerPoint といった Microsoft Office で作られたファイル、各種画像、動画、音声ファイルなどを扱うことが可能です。ZIP 圧縮した HTML ファイルも扱えますから、自社サイトのコンテンツを流用してもよいでしょう。テンプレートはカタログ、フォルダ、アンケート、ラーニング、サイネージなど用途別に豊富に用意されており、誰でも見栄えのよいアプリが作成可能です。

　iOS 向けアプリ開発では必須の Mac/Xcode 環境が用意できなくとも、ビルド代行サービスがあります。App Store でのアプリ配信に必要な iDEP の取得も無償サポートされるため、アプリの作成から配信までを手軽に行えます。

2章 デジタルコンテンツを何でつくる？

「seap」

提供元：ジェナ

URL：http://www.seap.ne.jp/

価格：月額100,000円（コンテンツ容量2GB、アプリ数制限なし）

seapのテンプレート画面

ブラウザ上でテンプレートを選び、データを入れ込んでいくだけでアプリが完成する。

簡単な操作でアプリ作成ができるseap。テンプレートを選んだ後は、指示に従ってコンテンツを埋め込んでいくだけで完成する。

Interview

アドビ システムズ

アドビが提案する、スマートデバイス活用のビジョン

☞ アドビとスマートデバイスの関わり

――アドビのスマートデバイスへの取り組みは、いつごろから始まったのでしょうか。

岩本：2010年ごろ、アメリカ市場では電子出版ビジネスが爆発的に伸び、そして同時期にはiPadが登場しました。これを機に多機能のタブレット端末が流行し、電子出版されたコンテンツをタブレットで見るという用途が生まれたのです。私たちも、電子出版分野での取り組みを中心に、新たなライフスタイルとしてスマートデバイスの活用を推進してきました。たとえば、コンデナスト・パブリケーションズ（米の雑誌出版企業。日本をはじめ各国に出版拠点を持つ）が紙媒体とデジタルマガジンを同時並行で刊行した際、用いられたのが当社の「Adobe Digital Publishing Suite」（以下「DPS」）でした。

――日本市場に対する対応はどのように展開されたのでしょうか。

岩本：日本では、スマートフォンが先行する形で急激に普及したことがポイントでした。アメリカよりもタブレットの普及が遅れていたこともあり、まずはスマホにどう対応

2章 Interview アドビ システムズ

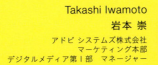

Takashi Iwamoto
岩本 崇
アドビ システムズ株式会社
マーケティング本部
デジタルメディア第1部　マネージャー

するかが大切でした。たとえばDPSは、当初スマートフォンに対応していなかったのですが、日本で対応ビューアを開発して、スマートデバイス全般にユニバーサル対応できるようにしました。

――日本企業のスマートデバイス活用例について教えてください。

岩本：一番多いのは「電子カタログやマーケティングツール」での活用ですね。キヤノンやNTTドコモなどが代表例ですが、電子カタログで商品を魅力的に伝えたり、マーケティングツールとして、企業の取り組みを表現しています。ユーザーに届けたい情報をアプリにまとめ、DPSが持つ「表現力」を活用することで、紙カタログやWebサイトよりもわかりやすく仕上げているのが特長です。

――デジタルマガジン、電子カタログ、その次に挙げられる企業の活用法にはどのようなものがありますか？

岩本：スマートデバイスがビジネスの現場にも普及すると、次は「活用するためにはどんなコンテンツを入れるか」に課題が移っていきます。先のキヤノンやドコモの場合には主に一般顧客向けの媒体として活用されていますが、社内向けの用途にも使われるようになってきました。

ビジュアルシフト

DPSを使って制作されたデジタル雑誌『ナショナル ジオグラフィック電子版』

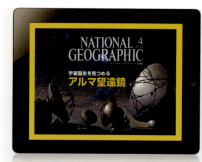

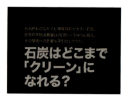

NTTドコモは法人向け営業支援ツールとして、顧客のケーススタディを映像で収録したアプリをDPSで社内制作している。映像にまとめることで、営業部員のスキルによらず均質なプレゼンテーションが可能になったという。

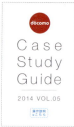

――いくつか例も出していただきましたが、スマートデバイスは顧客対応の現場をどう変えていくとお考えですか？

岩本：タブレットの活用例では、お客様に何かを案内するようなケースは特に大きく変わります。従来なら紙媒体だけが武器でしたから、そこにないもの、つまり在庫や展示がないもの、オプションのプランなどは実際に見せることができませんでした。それに、音や映像（動画）は見せるのも一手間でした。

　ここにタブレットを用いることで、お客様により現物のイメージを膨らませてもらうことができ、より購買につなげやすくなります。さらには、展示会場などでも、立ったままプレゼンが可能。わざわざ商談スペースに移動するという面倒な方法をとらなくても済み、顧客を逃す心配はありません。

――マーケティングにもたらす変化については。

岩本：マーケティングをデジタル化する一番の効果は「行動解析」にあると思います。たとえば紙のカタログでは、どの商品に注目が集まっているかを調べようにも、カタログの配布部数くらいしかデータがない。これがデジタルなら、情報ごとの細かいアクセス数はもちろん、ユーザーが

どのような経路をたどって情報にたどり着いたかの「動線」もわかります。このあたりはスマートデバイスもWebサイトと同じようなものですね。

――スマートデバイスではコンテンツの「アプリ化」ができますが、その効果は。

岩本：Webとアプリ、最大の違いは表現力と伝達力です。加えて、ユーザーへのプッシュ型情報配信も可能になりますし、デバイスが持つ能力をフルに生かすにはアプリ化は必須でしょう。アプリではWebでは表現しきれないブランド価値を伝えることができ、それが購買につながるのだと考えています。

☞ アドビの取り組みと
　今後のスマートデバイス環境

――アドビとして現在取り組まれていることをご紹介ください。

岩本：私たちのミッションは、まずコンテンツの制作ツールを提供すること。DPSはさらなる開発や新機能の提供を進めていきます。アプリケーション自体は紙媒体のDTP(デスクトップパブリッシング)でも使われてきたInDesignベースですから、これまで作ってきた紙媒体のデータを活用す

ることもでき、コンテンツ資産をお持ちの企業には非常に有利です。

　もうひとつ、私たちの重要な仕事はデジタルマーケティングのお役に立つこと。当社が提供する「アドビマーケティングクラウド」とDPSを組み合わせることで、よりマーケティングに活用できる環境が整いました。当社のツールには、クリエイターが特に制作時、意識することなくマーケティングデータが取れるような仕組みを設けていますので、あとから必要なデータを抽出して分析・活用できるようになっています。

――今後、スマートデバイスを活用していくにあたっての課題はありますか。

岩本：もっとアプリがダウンロードされるようにしていかなければと思います。スマートフォンは爆発的に普及し、タブレットも着実に使われてきています。そのわりに、アプリはダウンロードされていないなと思うんです。

　それには、どうしたらアプリが普及するか、ユーザーがダウンロードしてくれるかを研究しなくてはならない。アプリを提供する企業、ベンダー側ももっとアプリ、デバイスの性能を引き出す努力をすべきでしょう。

——スマートデバイスに関して、日本市場の「良さ」は何かありますか。

岩本：それはもう、デバイスの普及率に尽きますね。スマートフォンにしても、タブレットにしても、かなり広まっていますから。そもそも、どんなに良いコンテンツがあっても、ユーザーにデバイスが行き渡っていなければ、流行するわけはありませんから。

　また、最近では教育分野など、新たに開拓されつつある市場も魅力的ですね。まだまだ全国レベルで行き渡るまでには達していませんが、教科書出版で有名な東京書籍がスマートデバイス向け電子教科書をリリースするなど、今後「来そう」な予感はあります。

☞ InDesign や Photoshop が使えれば、コンテンツはつくれる

——今後の取り組みについてはいかがでしょうか。

岩本：私たちが今考えているのは、いかにコンテンツをつくりやすく、いかに形にしやすいようにできるか。OS や端末の進化、変更、機種による仕様の違いなど対応すべき点は多々ありますが、これをいちいちクリエイター側で気にしていたらきりがありませんよね。そうした面倒な部分

を、当社のツール側で吸収してしまいます。

　クリエイターは意識することなく、アドビのツールを使えば、いつも最新の状況にアジャストできるというようにしたいのです。

――スマートデバイス導入を検討中の方々へアドバイスを。

岩本：スマートデバイス向けコンテンツは、「つくれる会社、つくれる人」が少ないように思われていますが、実は結構いるんですよ。周りを見渡せばたとえば、InDesign や Photoshop が使える人……いますよね？　これらのツールを使えるのであれば、スマートデバイス向けコンテンツをつくることは難しくありません。

　一番簡単な方法は PDF 化することですが、DPS を活用すれば InDesign データからアプリ化することも難しくない。材料さえあれば、クラウドを活用して簡単にアプリ化でき、お金もかかりません。もちろん、複雑なことをしようと思えば別ですが、手持ちの画像や紙カタログを作成したときのデータ、動画など今持っている素材を使って作れば手軽に作ることができます。

　ぜひ、DPS で御社ならではのコンテンツ作りにチャレンジしてみてください。

Interview

アマナ×ジェナ

誰でも簡単にアプリ開発を！
ビジネス活用を後押し

☞ スマートデバイスでは使いやすさ、伝わりやすさを重視

　企業のビジュアル・コミュニケーションを推進するアマナの八島智史氏と、手軽に導入可能なスマートデバイスアプリ開発プラットフォーム「seap」を開発・提供するジェナの手塚康夫氏に、企業におけるスマートデバイス活用とそのポイントについて伺いました。

——アマナ、ジェナ両社が協業するに至ったいきさつを、企業におけるスマートデバイス活用ニーズの観点からご説明ください。

八島（アマナ）：スマートデバイスの登場からある程度年月が経ち、ビジネスにも活用できるのではという認識が一般化するようになってきましたが、最近では大手企業だけではなく中堅から中小企業に至るまで、スマートデバイスを有効に活用したいというニーズが顕在化してきています。

手塚（ジェナ）：スマートデバイス登場初期には、ハードウェアそのものを導入するかどうかが主な問題でした。その後、2011年ごろからは「デバイスは入れたが活用できない」という問題を解消することにシフトします。課題はデ

Satoshi Yashima
八島智史（写真左）
株式会社アマナ　執行役員

Yasuo Tezuka
手塚康夫（写真右）
株式会社ジェナ　代表取締役

バイスそのものから、アプリやソリューションに移ってきたわけですね。

八島：スマートデバイス、特にiPadの登場以降、重要なのは「コンテンツ」。特にビジュアル要素が重視されるようになってきました。

手塚：iPhone、iPadは、とにかくユーザーインターフェイスの出来がいい。子供からお年寄りまで直感的に使えますから。ユーザーは、一度便利なインターフェイスを使うと、もう元には戻れないものです。おのずと、アプリやコンテンツも高機能を詰め込むより、使いやすさ、伝わりやすさ重視になっていきます。スマートデバイスが役立つのは、ほかのデバイスよりもクリエイティブ面に力を注げるということ。表現力も高いですからね。

八島：となると、企業側でもどうやってクリエイティブ要素をつくっていくかという問題が発生します。そこで、スマートデバイスの分野で業界の黎明期からサービスに着手しているジェナさんと、ビジュアルの専門家である私たちアマナが手を携えてやっていこう、となったわけです。

　アマナは当初、フルスクラッチのアプリで、なおかつビジュアル重視のものを中心に展開していましたが、幅広く

ビジュアルシフト

アマナイメージズのストックフォトサービス

普及させることを考えると、一般ユーザーにも使いやすく、コスト面でも有利なセルフメイド型のソリューションを提供することが必要でした。

☞ スマートデバイスの「表現力」を生かしたコミュニケーションを

——スマートデバイス導入時のよくある問題点について、教えてください。

八島：そもそも「スマートデバイスそのものを導入しただけ」では何の解決にもなりません。問題は、デバイス上でどんなコンテンツを運用するか。器ではなく、中身に意味があるんです。

手塚：加えて言うと、スマートデバイス導入では「紙媒体を置き換えるかどうか」の議論になりがちですが、そこがメインではありません。目的をよく考えて、問題解決につながるならスマートデバイスを導入すればいいだけです。なんでもデジタルにするのではなく、選択肢が増えたと考えるべきです。

八島：プレゼンは、文字だけで見せてはダメ。上手なプレゼンは絵やイメージをうまく活用しています。ただ、これまでの絵や静止画像のみを使ったプレゼン資料、スライド

では、表現力を補うためのトークやプレゼンスキルが重要でした。それをリッチコンテンツで置き換えることができるようになるでしょう。

 とはいえ、コミュニケーションの本質は「伝える」「伝わる」こと。紙、PC、スマートデバイス、何でもいいところを適材適所で使えばいいんです。常に今、何が最適なのかを考え、情報を収集し、対応してほしいですね。

手塚：スマートデバイスの表現力は、紙媒体よりはるかに上です。リッチコンテンツを上手に使って、より「伝える」「伝わる」コミュニケーションを実現しましょう。デバイスの導入そのものは、ゴールではありません。成果を常に確認し、コンテンツも常に更新していかねばなりません。

☞ 訴求力の高い「動画」がコンテンツのキーになる

——ところで、スマートデバイス導入では、何から手をつけていいかわからないという方もいるかと思いますが、どうアドバイスしますか。

手塚：たとえば「ペーパーレス」を実現したいのなら、iPadにスキャンした紙媒体のデータを入れるだけでもいいんです。その後扱いに慣れたら、だんだんとリッチなコン

テンツへと展開させていけばいい。

八島：私たちのお勧めは、動画です。静止画と比べても訴求力の高いコンテンツですからね。以前は、動画をつくるのにかなりのコストと手間がかかりました。今では当社でも、中小規模の企業にもご利用いただけるようなミニマムサービスに力を入れています。ちょっとした予算で、後々も使える動画コンテンツがつくれるんです。

☞ 「seap」で切り開く、スマートデバイス活用時代

——両社は、2012年から本格的な協業体制にあるとのことですが、現在はどのような取り組みをしていますか。

八島：ジェナさんが開発した法人向けクラウド型コンテンツ制作・配信サービス「seap」を、私たちも協力して拡販しています。seapは、現在のマーケット事情から見てとても大きい需要が見込めるサービス。実は今、法人ユースでも「手軽にコンテンツをつくって配信・管理したい」という要望がとても多いんです。

手塚：私たちが提供するseapはあくまでスマートデバイスでコンテンツを利用するための基盤。実際に利用するためには、コンテンツをお客様自身でつくっていただく必要

があります。もちろん、法人向け用途に適応させたテンプレートを多数ご用意していますので、他のツールにはできないくらい簡単に作成できます。

――企業におけるスマートデバイス活用をどう変えるサービスなのでしょうか。

手塚：seap はコンテンツづくりから配布、効果測定までをワンストップで行えるサービスです。これによって、一般企業や個人事業主でも、アプリを制作してビジネスに活用することができるようになりました。まさに「手が届くようになった」ということです。

八島：スマートデバイスに対する企業のニーズ、その8割くらいは seap でできてしまうんです。もちろん、一からコストをかけてつくり込まないといけないアプリもあります。でも、だいたいのことはできる。

手塚：初めて企業に導入する、コンテンツ制作・管理の「入門キット」とも言えるでしょう。そのため私たちも、スマートデバイス同様にシンプルで、直感的に使えるようにサービスをつくりました。

――ちなみに、seap とスマートデバイスを導入する場合、特に効果がありそうな分野はありますか？

手塚：営業、そして店頭接客は、ビジネスにおけるインパクトも大きいでしょう。seap でももちろん、これらの目的に合わせた最適なテンプレートを用意しています。

八島：料金がユーザー数にかかわらず一定ですから、営業担当者が多い場合にもお得ですね。もちろん、ユーザー数が少なくても料金は安価で済みますから、小規模のテスト導入から使えます。

——最後に、スマートデバイスの活用を検討されている読者へメッセージを。

手塚：seap は、幅広いユーザー様に対して、スマートデバイス向けコンテンツを作るお手伝いのできるサービスだと自負しています。コストパフォーマンスの良いサービスですから、ぜひ seap とスマートデバイスの組み合わせで、御社のビジネスを加速してください。

八島：とは言え、これらはプラットフォームに過ぎません。大事なのは、中身、つまりコンテンツ。特に重要なのは、ビジュアルです。せっかくのスマートデバイスですから、良いビジュアル素材を用いて、より伝わる、わかりやすいコンテンツづくりにトライしてください。私たちも、全力でお手伝いしたいと思います。

3章

セールス現場が変わったのは どう変わった？

先進企業に聞く電子カタログ活用

　本章では、電子カタログを営業・販売の現場や社内の情報共有などに役立てている8つの事例について紹介します。動画の活用など多彩な表現力を生かしたカメラ用交換レンズのカタログアプリや、披露宴会場のセールス効率を飛躍的に向上させた営業ツール、オウンドメディアのスマートシフトなど、各社各様の取り組みを展開しています。

　読み進めていくと、必ずしも当初から結果が出た事例ばかりではないことがわかるでしょう。小規模で始め、試行錯誤を繰り返しながら徐々に成功事例を積み重ねていったケースも少なくありません。こうした各社の取り組み姿勢にも参考にすべきことがありそうです。

ビジュアルシフト

キヤノンマーケティングジャパン株式会社

キヤノンマーケティングジャパン

電子カタログのメリットを生かし、交換レンズの魅力を最大限に伝える

日本を、そして世界を代表する精密機器メーカー、キヤノン。同社のデジタル一眼レフカメラ用交換レンズを紹介する電子カタログ「EF LENS HANDBOOK」が人気です。その制作の狙いと効果を探ります。

☞ 紙カタログでは表現できないことに挑戦

「デジタル一眼レフカメラ」そして「ミラーレス一眼カメラ」は、近年カメラマニアだけではなく、一般ユーザー層にも急速に普及し、人気アイテムとなっています。

数あるカメラメーカーの中でも、「EOS」シリーズで知られ、知名度・シェアともに日本トップクラスを誇るキヤノン。同社グループ内で販売やサービス、サポートなどマーケティング全般を担うキヤノンマーケティングジャパンは、2013年2月から、iPad向けにデジタル一眼レフ用交換用レンズの電子カタログアプリ「EF LENS HANDBOOK」を配布しています。

「当社の営業部門では2012年より、販売店様へのプレゼンなどに使用するためにiPadを導入しました。電子カタログは、一般のお客様が手にする紙のカタログを補完する目的で、iPad導入そのものとは別個の企画として始まり

3章 セールス現場が変わったのはどう変わった？

「EF LENS HANDBOOK」

具体的な作例写真を見ながら目的に見合ったレンズが探せる設計になっている。

EF LENS HANDBOOK
開発：Canon Marketing Japan Inc.
App Store：無料

ました」(カメラマーケティング部　カメラ商品企画第二課　チーフ　佐野昌宏氏)

　同社が、カタログの電子化に挑戦した商品は「交換レンズ」。もともと、一眼レフカメラ用の交換レンズの購入層は、プロはもちろん、写真を趣味にするハイアマチュア層が多いのが特徴です。そのため従来の紙のカタログは、専門的な内容が中心となっていました。そのため、従来の紙のカタログは、少々難しい内容が中心。いわば、マニア向けのものでした。

　ところが、近年のデジタル一眼レフブームもあり、交換用レンズに対する一般ユーザーからのニーズも顕在化。より手軽なミラーレス一眼カメラの登場も手伝い、あまりカメラに詳しくないユーザーを意識した販促活動、カタログが求められるようになったのです。

　「電子カタログ制作の前に、エントリーユーザー向けの紙カタログをつくりました。従来のものよりサイズも小さめで、文字情報も少なく、その分作例写真を多数掲載しました。これにより、以前からの重厚なカタログでは交換レンズの良さがわからなかった初心者ユーザーに訴求することができたのですが、レンズの操作、特に『どうしたら作

「絞り」や「シャッタースピード」など、初心者にはわかりにくいポイントも、インタラクティブに変化する撮影例を見ながら身につけられる仕組み。

例のような写真が撮れるのか』については紙で説明することは難しく、以降の課題になっていました」(佐野氏)

一般顧客向けで、しかもレンズの操作が「動き」でわかるようなもの……。おのずと「電子カタログ」の制作が視野に入りました。これが発端となり、iPad向けカタログアプリの制作プロジェクトがスタート。第一の目的は、一般ユーザーに見てもらうことでしたが、営業サイドや販売の現場でも「顧客への説明に使えるのでは」という期待があったとのことです。

☞ 制作期間はおよそ1年 こだわった分だけ、成果も大きく

カタログアプリ『EF LENS HANDBOOK』のリリースは、企画の始動から1年以上経過した2013年2月のこと。実に長いプロジェクトとなりました。

そのかいあってか、アプリの出来も人気も上々。アプリの公開後、電子カタログジャンルで長く1位を獲得し続け、カタログコンテンツとしては異例の人気に。メディアにも数多く取り上げられ、わが国における電子カタログの代表的成功例となりました。

「コストは、開発に時間をかけた分それなりにかかりま

『EF LENS HANDBOOK』シリーズは、現在『It's a "Macro" World』『SHOOTING STARS』『SAKURA PHOTOS』がリリース。直感的な操作による演出や仕掛けを楽しみながら、製品の魅力を実感することができる。

したが、本当の初心者でも、実物のレンズなしに操作や写りが実感できる構成になっています。わかりやすく伝わるように表現の細部まで検討し尽くし、何度も仕様変更を重ねました」(佐野氏)

実際にアプリを使ってみると一目瞭然ですが、カメラもレンズもなくても、まるでいろいろなレンズを実際に試しているかのような体験が誰でもできる内容に仕上がっています。

中でも評価の高いコンテンツは「交換レンズ選びの基礎知識」。工夫を重ねて、言葉だけでは説明しづらい用語「絞り」や「露出」のもつ意味を画面操作しながら理解することができるようになりました。

☞ **販売現場でも好評　売上に貢献できるアプリ**

このアプリは、一般ユーザーへの人気はもちろんですが、販売店店頭でも店員が自発的に使用し、お客様とのコミュニケーションに生かしている例が多いのも特徴。

「試行的に採用した結果を見ても、お客様からも販売現場からも『わかりやすい』という評価をいただきました。直接的に売上に貢献しているかどうか、数字では表しがた

いのですが、接客現場での評判もよく、まさに期待通りの効果が出ています」（佐野氏）

　交換用レンズは、高いものになると100万円以上するものもあります。ラインナップも豊富なため、一般の量販店などでは全ラインナップを置いておくこともできません。ユーザーの側で「触って試してから買いたい」と思っても、なかなか実現できないのが現状なのです。

　それが、iPadとアプリを使うことで、手元に実物がなくても、多数の作例の中から顧客のイメージを膨らませ、購買につなげることが可能になりました。紙カタログと異なりアプリでは、作例を多数掲載でき、インタラクティブな仕掛けを盛り込めることが「レンズを実際に触っているかのような」感覚を生むポイントとなっています。

　ここまで効果が出ていると、すべてのカタログを電子化する——という話も出そうですが、現時点ではそこまで踏み込むことは考えていないとのこと。

　「現在のところ、完全に電子への置き換えができるとは思いません。紙カタログを補完するメディアとして、紙ではできないこと、紙ではアプローチしづらいユーザー向けに提供していきます」（佐野氏）

Comment

柔軟なマーケティング戦略を
可能にする電子カタログ

Masahiro Sano
佐野昌宏
キヤノンマーケティングジャパン株式会社
カメラマーケティング部カメラ商品企画第二課　チーフ

☞ アプリには大いなる「可能性」がある

　スマートデバイス＋電子カタログという組み合わせは、販売の現場を大きく変革しうる可能性を秘めています。電子カタログのマーケティングツールとしての価値は、紙より高いと考えられます。

　ただ、アプリをリリースしてもダウンロードしてもらえなくては意味がありません。当社の「EF LENS HANDBOOK」は、カタログランキングでも長く1位を記録しましたが、これはWeb系メディアに取り上げていただいたことが大きかったと思います。

　コンテンツをアプリ化し、配信することで大きなメリットが享受できます。新製品の追加などのアップデートが容易にできることもその一例です。スマートデバイス向けにアプリ配信すると、小さな修正なら即時に、大きな修正やコンテンツの追加でも2週間あれば対応できます。

　このように、アプリの公式ストア経由での配信は、実はコスト削減にもつながるとともに、誰でも簡単にアップデートされた情報に接することができるようになり、最新情報を求める顧客のニーズにも合致すると考えています。

アウディジャパン

プレミアム・カーブランド「Audi」のセールス現場を変えた iPad

日本でも多くのファンがいるドイツ車ブランド「アウディ」。国内販売を受け持つアウディジャパンでは、早くから iPad を活用した営業支援の仕組みを導入しています。

☞ **好調なアウディのセールスを支えるスマートデバイス**

アウディジャパンでは 2011 年より同業他社に先駆けて、iPad が営業活動のサポートに活用されています。

全国に 113 の営業拠点、およそ 2300 人のスタッフ、うち 640 人のセールススタッフを抱える同社では、現在約 1000 台の iPad が導入されています。このうち大半は現場で営業を行うセールススタッフに、一部は車のメンテナンスを担当する「サービスアドバイザー」に支給しています。

プレセールス部トレーニングスペシャリストの鞆安祥之氏によると、同社で iPad を導入したきっかけは、大きく分けて 2 つありました。

ひとつは、カーラインナップの拡充。2010 年ごろから取扱い車種数が増加。そのため、セールススタッフに対する効率的な教育や支援が求められるようになりました。

もう一点は、初代 iPad の発表。2010 年 5 月、日本での発売が開始された初代 iPad の登場により、スタッフにス

3章　セールス現場が変わったのはどう変わった？

「Audi Tools」

営業向けツールを1本のアプリに集約した。

顧客ひとりひとりに合わせて車種、色、各種オプションなどをカスタマイズできる機能。データを保存し、その後の営業や見積作成に活用することもできる。

マートデバイスを持たせ、営業活動を支援するという企画が現実味を帯びたのです。「この企画はまさに『iPad ありき』で始まった」とは鞆安氏の談です。アウディジャパンではiPad 導入の目的を、まず「ペーパーワーク」からセールススタッフを解放することに置きました。

　「当社のお客様は自営業の方や普段多忙なビジネスパーソンが多いことから、営業スタイルは店頭での商談に加え、自宅や会社など顧客先に出向くことも多々あります。となると、セールススタッフのカバンのなかに全ての情報が入っていないといけません。どこでも情報を閲覧、プレゼンできるようにするために、iPad は最適なデバイスでした」（鞆安氏）

☛ 歓迎ムードの導入当初
　そして改善を重ねていく

　2011 年 1 月、アウディジャパンはスタッフに iPad の支給を開始します。導入当初から、セールス部門ではもっぱら歓迎ムードだったとか。それだけ効果を期待されての船出でした。始めは、紙カタログの PDF 化データに加え、動画コンテンツを導入した程度だったと言いますが、2011 年後半にはセールス支援の各種機能をアプリ化してリリー

3章 セールス現場が変わったのはどう変わった？

「Audi Tools」の動画コンテンツと
認定中古車情報

認定中古車の情報は、リアルタイ
ムで在庫検索も可能。

多数の動画コンテンツを日本向けに
調整し、営業マンに配布している。

ス。さらには車種ごとの教育アプリも登場しました。

　現在では、カタログ情報の参照や各種動画コンテンツの再生はもちろんのこと、各種ローン、リースなどの試算も可能なファイナンス機能や見積の作成、お客様一人一人に合わせた車を設定するコンフィグレーション機能などを備えるようになりました。さらには認定中古車在庫情報のリアルタイム検索など、紙媒体と計算機だけではできなかったことが、セールススタッフの手元で実現できるようになっています。

　過去2年間の運用実績を元に、2013年初め、大幅なコンテンツ見直しを実行しました。ポイントは、各種機能を統合したアプリ「Audi Tools」の導入と、それに合わせた「Audi CMS」と呼ばれるMDM（モバイルデバイスマネジメント）の導入です。

　これにより、ユーザーはオンラインとオフラインの各種コンテンツを統合された1つのアプリから利用することができるようになり、より利便性が向上。加えて、MDMにより各iPadへのコンテンツ配信、更新作業が効率化されたのはもちろん、ユーザーがどのコンテンツをどの程度使っているか確認できるようになりました。そのため、より「使

える」コンテンツはどんなものかを確かめつつ、以後のアップデートに生かせるようになったのです。

同社のシステムで用いられているオンライン・オフラインの使い分けは、読者の皆さんにも参考になりそうです。全てものをオンラインで動かす必要はありませんし、オフラインコンテンツを装備することで、iPadのストレージを有効に活用しつつ、外出先でのいかなる状況にも対応できるようになるのです。

☞ 企画は社内。開発は信頼できるパートナーと

アウディジャパンでのiPad導入は、社内IT部門から出た企画ではありませんでした。

「この企画は私をはじめ、ITのプロではないメンバーがリードしました。『チャレンジする部門が自らやる』という当社の社風も影響していますが、結果としてIT部門発ではなかったことが、ここまでセールススタッフに受け入れられた理由かもしれません。その分、ベンダーさんには苦労を掛けたと思いますが」（鞆安氏）

なお、コンテンツについては基本的に自社で準備しています。動画コンテンツはWeb上で展開されている「Audi

TV」という映像コンテンツを独自に日本語化して活用しています。

　iPad 導入の成果はなかなか数字としては表れにくいものの、確実にメリットは出ていると言います。

　「導入 3 年後の再検討を経て、当社がさらに iPad に注力していることが、我々自身メリットを感じているという一番の証になると言えるでしょう。具体的には、セールススタッフから、商談が短く済むようになったとの声がよく聞かれます。スタッフ自身の商品理解が紙媒体時代よりもアップしているという効果もあります。最近 Audi では車種ラインナップを増やしていますので、細かいスペックまで全て覚えずとも、情報をすぐにお客様に提示できるようになった、という話も現場からは出ましたね」（鞆安氏）

　なお、配布での利便性も考慮し、紙カタログ自体は減らしておらず、デジタルと併存させているそうです。

　導入の効果は、セールス現場だけに止まりません。同社では多数の研修コースを iPad 上に展開し、セールス研修の効率アップにも成功。さらに iPad そのものがもたらす副次的効果として、SNS を活用した個人レベル、各店舗レベルでの交流が増えたことも挙げられます。

Comment

「カスタマーディライト」を
実現するためのツールとして

Yoshiyuki Tomoyasu
鞆安祥之
アウディジャパン株式会社
プレセールス部　トレーニングスペシャリスト

👉 最後は担当者の「思い」が正否を分ける

　導入から3年が経過し、再検討を経た上で当社がさらにiPadに注力していることこそ、我々がメリットを感じているという一番の証になると思います。

　ビジネスにスマートデバイスを活用するには、会社の方針と担当者自身の思いが合致することが必要です。導入担当者は、それなりに苦労もありますし、時間も取られます。担当者がどれだけ思いを込め、時間を費やすかが成功の分かれ道といえるのではないでしょうか。

　実際に導入をはじめてみれば、デバイスの管理や紛失・故障への対応、アプリの開発、コンテンツの制作と配信をどうするか、メンテナンスなどなど、手間の掛かるところも多々あります。ですが、最初の方針さえしっかりと定まっていれば、個々の事象はおのずと解決すると思います。

　iPad登場当時よりも、ベンダーコストは下がっていますし、各種事例も出始めています。スマートデバイスをビジネスシーンに活用したいと考えているなら、コストとの兼ね合いを考慮しても、今は十分にチャレンジするに値すると思いますよ。

GE ヘルスケア・ジャパン
顧客に自社の価値を伝えるためセールスツールに iPad を活用

GE グループの一員として、医療・ヘルスケア分野で事業を展開する GE ヘルスケア・ジャパン。同社では、2012 年から iPad を営業販促活動に活用しています。

☞ 営業活動の円滑化を目指し、iPad を導入

　CT（コンピュータ断層撮影装置）や MRI（磁気共鳴断層撮影装置）、超音波診断装置など医用画像診断装置の開発・製造・販売を中心に、各種医療機器、医療関連サービスを提供している GE ヘルスケア・ジャパン。

　「私たちの営業活動は、医薬業界の MR（医薬情報担当者）と、産業機械営業の中間のイメージ。影響力のあるドクターとの関係構築を図る点では MR 的ですが、売り方はダイレクトセリングに近い。代理店と組むことも少なくありませんが、基本的には契約締結までを担うことが MR とは違います」（マーケティング本部　マーケティングコミュニケーション部長　小山博之氏）

　同社では、2006 年に医療従事者に向けたメール情報配信サービス「GE Smart Mail」を開始するなど、以前から積極的にデジタル化への対応を行ってきました。営業効率アップ、社内コミュニケーションの円滑化、そして顧客コミュ

「adobe コンテンツビューア」ベースの電子カタログ

デジタル向けに新たに作成した商品情報の電子カタログ。
動画などコンテンツも充実。

AR 活用 MRI カタログ

スマートカタログ

ニケーションの活発化を加速するための手段として、スマートデバイスの導入を決定しました。

「元々当社では、顧客との関係性を強化し、営業活動に役立てるためCRM（Customer Relationship Management）システムを2003年から利用してきました。2012年にはクラウド型のCRM、SFDC（セールスフォース・ドットコム）を新たに導入。これに合わせて、顧客情報をより活用するためのツールとしてiPadを採用しました」（小山氏）

こうして同社では、全営業・マーケティング担当者に合計約500台のiPadを支給。SFDCの活用に加え、iPadを活用した「電子カタログ」の導入を進めていきます。

一連のスマートデバイスを活用した電子カタログの仕組みを導入するにあたっては、「営業展開コンテンツ」と「コスト」をどうするかが問題になったとか。

「かけたコスト分のリターンが得られるかどうかが課題でしたが、事前に計算し、効率アップと各種コスト削減の効果が出ると試算しました」（小山氏）

☞ **3種の電子カタログで、顧客の心をつかむ**

現在、GEヘルスケアでは、3タイプの電子カタログを活

用しています。まずは「Adobe コンテンツビューア」ベースの電子カタログ。紙のカタログを基にするのではなく、デジタル環境に合わせて、一から起こしたものです。

次に、大日本印刷（DNP）が提供する AR（拡張現実）の機能を用い、紙カタログと組み合わせたもの。これは、通常の紙カタログ内の図版や写真などを iPad のカメラで認識させると、内容に合ったコンテンツが再生されるというもの。紙カタログだけでは説明しきれなかった「動き」を見せることができ、顧客の興味も引きつけられます。

最後は、ソフトバンクのクラウド型電子カタログシステム「ホワイトクラウド ビジュアモール スマートカタログ」を活用した情報配信・共有の仕組み。営業担当者が携行、保存していた大量のカタログや資料のデータを入れ込み、統一して管理、配信を行うようにしました。現在では、およそ 900 のコンテンツが営業担当者の iPad に配信されています。さらにこのスマートカタログのデータを、顧客にメールで配布することも可能です。

「スマートカタログの導入で、担当者ごとに使う資料がバラバラということはなくなり、全員が同じ情報資産を活用できるようになりました。また、既に作成した資料も更

新が円滑にできるため古い資料とのダブリもなくなりました」(小山氏)

☛ 効果を見極めた上で今後も積極的に取り組む

　営業現場を中心にiPadを導入した効果が広がりつつあるGEヘルスケア。小山氏によれば、電子カタログの活用範囲を広げると共に、紙カタログの削減にも取り組んでいきたいと言います。

　「トライアンドエラーを繰り返しながら、電子と紙媒体のバランスを考えていきます」(小山氏)

　また、導入時にも検討した「リターン」を測定するのも今後の課題とか。商材は、長期間をかけてようやく1台売る、というものも多く、受注・売上に効果があったのは何のファクター(営業の力、営業資料など)か、ということがなかなか判然としません。しかし、スマートデバイスを使うことで、分析の一助になると言います。

　「たとえば、カタログです。紙とは違って、スマートデバイス上のツールでは『誰がどれだけ何を使ったか』がわかります。これを起点に分析すれば、今まで以上に精度の高い効果測定ができると考えています」(小山氏)

Comment

新次元のコミュニケーションを
可能にした iPad の導入

Hiroyuki Koyama

GE ヘルスケア・ジャパン株式会社
マーケティング本部 マーケティングコミュニケーション部長　小山博之

☞ iPad 導入で得た 3 つの「メリット」

　当社で iPad 導入によって得られた効果は、次の 3 点にまとめられます。

　第一に、SFDC（セールスフォース・ドットコム）で管理・分析した情報をどこでも見られるようになるなど、質の高い情報を瞬時に確認できるようになったことです。

　第二に、情報共有のスピードが速くなったことです。各担当者が現場で聞いた情報、疑問、話題などを SFDC を活用して社内にすばやく共有できるようになりました。iPad 導入後は「○○病院のドクターにこんなことを言われた」など、これまでは周知徹底・情報共有に時間がかかっていた情報が、一瞬で共有できるようになりました。

　そして第三には、紙カタログのみの利用時をはるかに上回る、顧客と質の高い情報交換、コミュニケーションが図れるようになったことが挙げられます。

　電子カタログでは、バージョンアップの形で更新・配信・管理ができ、印刷コストが省けるほか時間の短縮にもなり、なおかつ現場の営業が古い情報を持ち続けてトラブルになることもありません。

ビジュアルシフト

ハイアット リージェンシー 東京
接客・セールスシーンに有効活用で
コミュニケーションが活性化

　世界的ホテルブランド、ハイアット。その日本初進出ホテルで、クオリティの高いサービスを提供している「ハイアット リージェンシー 東京」では、各部門で合計約50台のiPadを導入し、接客の質を向上させることに挑戦中です。

☞ 顧客により具体的なイメージを持ってもらうため導入を決断

　東京の西新宿にあるホテル「ハイアット リージェンシー 東京」。ここでは現在、iPadを接客やセールスなど、さまざまなシーンで活用し、成果を上げています。導入したいきさつや、利用を始めてからの効果について、宴会部ブライダル課マネジャーの野﨑かおり氏、企画部広報宣伝課コーディネーターの近藤和樹氏に聞きました。

　iPadを導入したのは、以下3つの部署です。まず、宿泊客を集めるための営業を行う「宿泊セールス課」。ホテルにおける大きなビジネスのひとつ、結婚式・披露宴をセールス、コンサルティングする「ブライダル課」。そして、直接宿泊客の接客に携わる「フロント課」。

　いずれの部署でも、従来はスタッフの「ことば」と「写真」による説明、そして紙の「パンフレット」を活用してセールス、接客を行っていました。今回は顧客に明確な

iPadを活用して当日の会場を疑似体験

多数の生花のサンプル画像に簡単にアクセスできる。

顧客に宴会場を案内するときには、セッティング済みの宴会場の写真を表示してイメージを伝える。会場の雰囲気を360度動かしながら体感できるツール「パノウォーク」を採用している。

イメージを抱いてもらうための新たなツールを検討した結果、iPad を選んだと言います。

「以前はパンフレットなどの印刷物、または PC とパワーポイントのスライドなどで営業、接客活動を行ってきましたが、一方通行の説明になりがちでした。よりお客様に具体的なイメージを持っていただき、コミュニケーションが進むように、タブレットの活用を考えたのです」（近藤氏）

2011 年初めごろに iPad 本体の導入がされたのち、スマートデバイスへの情報配信・管理ツール「Handbook」が採用されました。

☞ いたってスムーズだった Handbook の導入

Handbook の導入にあたっては、特に苦労らしい苦労はなかったそうですが、利用する写真コンテンツの選定には多少時間をかけたと言います。

そもそも、ホテル業では顧客に対して「見せたい場所」が多数あるため、コンテンツも膨大になりがちです。ロビー、宴会場、レストラン、食事メニュー、生花、ウエディングケーキ、そして客室、さらには客室内のバスルームの画像など、内容も多岐にわたります。

iPadを顧客とのコミュニケーションツールとして活用
スタッフと顧客とのコミュニケーションはもちろん、顧客同士(カップル、親子間)のコミュニケーションを深める効果も。

「同じ宴会場を利用した営業を行う場合でも、結婚式の披露宴と企業内研修では、宴会場の見た目や飾り付けも大きく変わってきます。そのため、写真の選定には、各現場の意見を十分に取り入れることが重要でした」（近藤氏）

　なお、写真素材については、元々の手持ちが多かったためそれを生かし、新規の撮影を行う必要があった写真はごく一部でした。360度パノラマ写真を閲覧できる、アマナが提供する『パノウォーク』というサービスを利用するための撮影だけで済んだとのことです。

　PCなどに比べて圧倒的に短い時間でメンバーが操作できるようになったのは、やはりiOSのインターフェイスが直感的に利用しやすいところに理由がありそうです。

☞ お客様とのコミュニケーションが活発に 直接的な営業効果もアップ

　iPadおよびHandbook導入後に実感できた成果については「提案のバリエーションが増え、お客様とのコミュニケーションが活発になったこと」と言います。

　「披露宴会場はその性質上、お客様に完全な状態で事前にお見せすることがとても難しいのです。普段はがらんと

した宴会場でも、そこにiPadを持参し、現場の広さを体感しながら飾り付けた後の画像を見ていただくと、会場やパンフレットを見るだけよりも印象が変わり、シミュレーションができるとおっしゃいますね」（野﨑氏）

さらに、iPadそのものが顧客とのコミュニケーションを活発化させる効果も見逃せません。

「iPadの操作がわからない新婦様に教える新郎様の姿が見られるなど、新郎新婦様同士、さらには親御様とのコミュニケーションにうまく活用されている場面が多くなりました」（野﨑氏）

ブライダル以外の現場でも導入効果は見られます。フロント業務では、宿泊客に対して、主に客室のアップグレードを目的にした接客に活用されています。さらに、言葉の壁がある外国人宿泊客向けに、食事のメニューなどを説明するときなどにも便利だと言います。

「客室アップグレードのご案内ではかなりの効果を上げています。やはり、いろいろな写真でイメージを膨らませていただけるのが大きいようです。お客様からのご要望に応じてバスルームや朝食の写真も追加しました」（近藤氏）

ブライダル課では、装花をワンランク豪華なものに変え

る顧客が増えたといいます。このように、その場で実物を見せることがむずかしいものの魅力をiPadで伝えることによってこれまで気づかなかったニーズを掘り起こせるようになりました。

☞ さらなる導入効果の現れと、今後の活用目標

今後、ハイアット リージェンシー 東京では、どのように活用を進めていくのでしょうか。

「これからは、まだ用意していない動画コンテンツや、タッチすることで表示されている室内の様子が変わるなどのインタラクティブ性をもっと取り入れていきたいと考えています」(近藤氏)と、これからのiPadの可能性に対する期待値は、大きい様子でした。

また、同ホテルでは、ブライダル課の「打ち合わせツール」としても活用しています。それ以外にも、ブライダル部門で写真を見せるために使っていた大きなアルバムが不要になったことも大きなメリットです。「iPad効果」は多方面に及んでいるようです。

(＊このインタビューは2013年5月に行われたものです。所属・肩書きは当時のものです)

Comment
これからはスマートデバイスが
デフォルトに

Kazuki Kondo　Kaori Nozaki
ハイアット リージェンシー 東京
企画部 広報宣伝課 コーディネーター　近藤和樹
宴会部 ブライダル課 マネジャー　野﨑かおり

☞ **導入リスクは少ないので、ぜひチャレンジを**

　スマートデバイス導入を迷っている企業の方には、ぜひチャレンジしてほしいと思います。導入にあたってのリスクは意外に少ないのです。iPadは特にインターフェイスも使いやすいですし、実際に自分で試してみればそのよさもわかると思います。以前に比べてコンテンツ管理含めての導入コストは格段に下がっていますし、汎用性もあるデバイスですからぜひ試していただきたいですね。

　さらに、若年層をターゲットにしている企業にとっては、スマートデバイスへの対応は必須になることが予想されます。「デジタルネイティブ」という言葉もありますが、これからの世代は皆、スマートデバイスになじみが深い。その若い世代を市場として考えているのであれば、活用はもはや当然のこととなりつつあると感じています。

　導入担当者としてのポイントは、まず自分が面白がって取り組むこと。それが、周りによい影響を与えるはずです。また、すべてはお客様のためということを忘れずにいること。お客様にとって何ができるか、何が便利かを考えながら導入することが肝心です。

Bare Escentuals

ベアエッセンシャル
制約の中で情報を効果的に伝える
「iPad接客」が奏功

「ベアミネラル」ブランドの化粧品を提供するベアエッセンシャルでは、新業態のストア参入を機に、iPadを活用した接客スタイルをスタートしました。自社専属美容部員がいない環境での接客に効果を上げたという同社の事例を見てみましょう。

👉 マルチブランドストア出店に伴う、「接客のハードル」を越える

　ミネラルを豊富に含む「スキンケアのようなファンデーション」を中心としたアメリカ発祥のベアミネラルブランド。2004年に日本でも販売が開始されました。その販売を担当するベアエッセンシャルでは、新しいスタイルの店舗に出店。iPadを接客に活用し、効果を上げています。

　化粧品の販売シーンというと、真っ先に思い浮かぶのが百貨店の化粧品コーナーではないでしょうか。ベアエッセンシャルでも、こうした販売方法が中心です。

　2012年、同社は「新業態」に参入。それがマルチブランド型ストア、ひとつの店舗内でいろいろなブランドを通して見られるショップだったのです。

　「ルミネやアトレなどの複合ショッピングモールに『セルフストア』と呼ばれる店舗を出すことになりました。お

3章　セールス現場が変わったのはどう変わった？

iPadを活用した接客ツール画面

店頭での接客はもちろん、顧客自ら操作してもらうことも想定して作成されたコンテンツ。同社商品の使い方がわかりやすく説明されている。

客様にとっては、ひとつの場所で複数のブランドを比べることができ、新しいショップの形として好評です」(マーケティング クリエイティブ マネージャー　佐久間雅稔氏)

　ところが、このセルフストアでは販売上の問題がありました。それは、自社のカウンターと違い、美容部員が多くのブランドを担当するため、ひとつひとつのブランドについて細かい対応がしづらいということでした。

☞ 情報伝達の効率を考え、iPad を採用

　そこで、接客を補助するため、いくつかの方法を検討。モニターで動画を流す方法や、ビジュアルをローテーション表示するものなどが候補にあがりましたが、

　「カウンターでの接客に近づける方法、そして外部の人材にも自社製品の知識を持ってもらいやすい方法はないかと模索するなかで、たどり着いたのが、iPad を使うことでした」(佐久間氏)

　iPad は、写真をとてもきれいに表示できることも、ポイントのひとつでした。化粧品業界だけにビジュアルにはこだわりがあったからです。

　「制作にあたって数社に声をかけたのですが、Web アプ

店頭に設置されるiPad
「Touch me」の表示があり、顧客も気軽に触れられるようにディスプレイされている。

リ形式か、オリジナルアプリを作る方法を提示されることが多かったですね。ただ、店舗環境によっては、通信環境が悪いところもありますから、常時オンラインは無理。オフラインでも使えること、情報更新が簡単にできることなども考慮し、Adobeビューアを使った電子ブックでつくることに決定しました」（佐久間氏）

　制作にあたり、必要な素材はもともと社内で持っていた写真を活用。化粧品会社ということもあり、紙カタログ用など写真素材には事欠かなかったと言います。

　2012年5月末ごろから新ストア出店に伴うもろもろの検討を始め、6月にはコンテンツ制作が決定。完成はオープン直前の9月初めごろ。無事オープンに間に合いましたが、導入後の効果は上々。期待通りだと言います。

　「スタッフからは、お客様といっしょに見ながら操作できるのがいい、と聞いています。お客様にとって役立つのはもちろんですが、スタッフ自身が忘れがちな点も確認できます。セルフストアでは複数のブランドを1人のスタッフが担当しますから」（佐久間氏）

　導入時に狙っていた「自社製品の正しい使い方やメリットについてきちんと伝える」ことについては、iPadコンテ

ンツは非常に有用でした。一方佐久間氏は、導入後に出てきた希望についてこう語ります。

「欲を言えば、放っておいてもお客様が自分で見てくれるようなコンテンツに変えていきたいですね。たとえば、製品カタログも入れ込んであるのですが、現物の製品が横に置いてあるショップ環境では必要なのか、それよりもハウツーの動画をもっと充実させたほうがコンテンツとしていいのか……などと考えています」(佐久間氏)

さらに、従来型の百貨店でも iPad を使うことに決定。顧客との話題づくりにも役に立ちそうとのこと。

「いずれはアプリ化して、App Store 経由で配信できるコンテンツをつくりたいですね。デジタルコンテンツは、物理的な成約も少ないですから」(佐久間氏)

スマートフォンが高齢者にも抵抗なく受け入れられつつある今、全世代をターゲットとするブランドでも、iPad 導入はさして問題になりませんでした。

「もちろん、紙の印刷物のほうが良い、というお客様もいらっしゃいます。紙も、デジタルもそれぞれひとつのメディアとして、壁をつくることなく今後も対応していきたいですね」(佐久間氏)

Comment
接客の現場では、シンプルに
優先度の高い情報の提供を

Masatoshi Sakuma
佐久間雅稔
ベアエッセンシャル株式会社
マーケティング クリエイティブ マネージャー

☞ お客様目線で必要な情報を絞り込む

　当初はiPad導入にはコストがかかる、というイメージを持っていました。今回は初期導入ということで、アプリ化はハードルが高かったですね。今回採用したソリューションはコストと効果のバランスも良く、満足しています。

　コンテンツはなるべくシンプルに、優先度の高い情報に絞り込むことだけを心掛け、余計な情報は取り除きました。結果的には、そこが良かったと思います。

　また、デジタルの特性として、詰め込もうと思えばいくらでも情報が入ってしまう点にも注意が必要です。紙カタログであれば「誌面の都合」という制限がありますし、Webサイトなら大量の情報を詰め込んでも、お客様がじっくり読んでもらえる環境にあることが多いので、マイナスにはなりません。ですが、今回私たちが取り組んだ店頭での情報提供では、絞りこみが不可欠。伝えるべきことの優先順位をきちんと考える必要がありました。

　これからも今までに培ったノウハウを生かし、より良いiPad活用、より良いコンテンツの提供を図っていきたいですね。

ビジュアルシフト

日本コカ・コーラ
「コカ・コーラ」ブランドを支える、オウンドメディア戦略

マーケティングコミュニケーション戦略の核に位置づけられる「オウンド(自社)メディア」にも、スマートデバイス対応の波が押し寄せてきています。ここでは、自社の貴重な資産であるオウンドメディアを積極的に活用し、スマートフォンを使った新たなブランド体験を消費者に提供する、日本コカ・コーラの事例をご紹介します。

☞ コカ・コーラのオウンドメディア戦略とは

「当社では、自動販売機や製品パッケージを含む、広い意味でのオウンドメディアをいかに使うかを、IMCのプランニングのスタート地点にしています」(iマーケティング統括部長　豊浦洋祐氏)

同社にとってのオウンドメディアの捉え方は多種多様。自社Webサイトはもちろんのこと、街中に設置されている自動販売機や搬送用トラック、セールススタッフのユニフォームや製品のパッケージまでも含まれます。中でも、近年特に力を入れているのが、デジタルを活用した消費者とのコミュニケーションです。

会員制ポータルサイト「コカ・コーラ パーク」の運営、FacebookやTwitterなどのソーシャルメディアの活用、自動

3章 セールス現場が変わったのはどう変わった?

スマートフォンを活用したキャンペーン
「Share a Coke and a Song」(左)、人気アプリ「漫画カメラ」とのタイアップ(右)

スマートフォンを利用して
ユーザーに寄り添う戦略

Facebookでのメッセージ発信は、その日の天気に合わせて行われる(左)。「SOCIAL VIEWING STADIUM」は2013年に行われたFIFAコンフェデレーションズカップの試合中にリアルタイムで応援コメントを集めた(右)。

販売機を用いた消費者との関係構築——。これらすべてが日本コカ・コーラのオウンドメディアを活用した施策です。時代の流れに敏感な同社は、スマートデバイスへの対応はもちろん、爆発的に流行しているコミュニケーションアプリ「LINE」の公式アカウントもいち早く導入しました。

「若い世代へアピールするには、彼らが日々使いこなすスマートデバイスへの進出は必要不可欠です。特に、ユーザーが携帯し常に共にあるスマートフォンをメインに考えています」（豊浦氏）

同社が消費者へのアプローチ手段としてスマートフォンを意識し始めたのは、2011年ごろのこと。もともと、PCとフィーチャーフォンを中心に、デジタル領域でのマーケティングにも積極的に取り組んでいましたが、世間一般へのスマートフォン普及の流れに合わせる形で、スマートフォンに対応していきました。

☞ ユーザーの日常を意識したマーケティング

日本コカ・コーラでは、消費者の日常的な行動に沿う形でのマーケティングを発想の根本としています。これは、飲料という非常に日常生活に密着した製品を扱うことからも

理解できそうです。

「スマートフォンを例に取ると、音楽を聴く、カメラアプリで撮影するといった、消費者の習慣化した行動にどれだけ寄り添えるかがポイントです。たとえば、『My365』や『LINE カメラ』『漫画カメラ』などの人気カメラアプリとタイアップし、当社のブランドメッセージを届けることに取り組んでいます」(豊浦氏)

スマートフォン自体が生活に密着したデバイスであることから、ユーザーの日常体験を豊かにすることを通じて、同社のブランド力向上につなげているのです。

同社が手がけたキャンペーンの中で特にスマート対応を意識した例は「Share a Coke and a Song」キャンペーンです。ペットボトルのパッケージに記載された 9 ケタのコードを入力すると、パッケージに記載された年のヒット曲で構成されたオリジナルのプレイリストをストリーミングで楽しめるというもの。2013 年に話題となったキャンペーンです。

日本でのコカ・コーラビジネスが本格的にスタートした 1957 年から 2013 年の間に流行った楽曲が年ごとに 10 曲用意されており、制限つきではあるものの、専用サイトではすべての曲が視聴できます。PC にも対応していますが、

なんとデータトラフィックの8割はスマートフォンからのアクセスとのことです。

👉 スマートデバイス活用の戦略

日本コカ・コーラでは、FacebookやTwitter、LINEなどSNS公式アカウントを通じた、メッセージの配信やコミュニケーションも積極的に行っています。その際に気を配っているのが、配信時間。毎日決まった時間にメッセージを届けるのではなく、送りたいメッセージに合った時間帯を狙って配信を行うのです。

「特に、スマートフォンユーザーは外出先や移動時でもSNSへ頻繁にアクセスするため、配信時間は重要なキーポイントですね」(豊浦氏)

加えて、同社のスマートデバイス活用で重視されているのが「楽しい時間の創出」。スポーツ観戦やテレビ視聴などの「楽しい時間」を、スマートデバイスを使うことでよりいっそう楽しくしてもらおう、ということです。

「その体験自体がインセンティブとなるようなマーケティングを続けていきたいですね。こんな体験をできて良かったなと感じていただければ最高です」(豊浦氏)

Comment

成功には法則がない、
トライ＆エラーの継続が大切

Yosuke Toyoura
豊浦洋祐
日本コカ・コーラ株式会社
マーケティング＆ニュービジネス　iマーケティング統括部長

☞「シンプルさ」と「消費者目線」

　スマートデバイスで、ユーザーに「新たな体験」を提供するには、参加するための障壁を少なくすることと、すべてをシンプルにすることに注意しなければなりません。体験するための手順が複雑になればなるほど、ユーザーはついてきてくれません。いかに日常のちょっとした延長線上で行えるかがポイントです。

　そして、消費者目線で考えることも大切です。

　「スマートデバイスでこんなことができるから、こんなサービスを提供しよう」という技術ありきのやり方ではなく、ユーザー、つまり消費者のニーズを実現するために、どんな技術を使うかを考えねばなりません。

　「スマートフォンファースト」という言葉がありますが、ただスマートフォンを優先して考えるのではなく、消費者目線を基本にしよう、ということですね。

　今後当社では、RFIDを使ったインタラクションを増やしていきたいと考えています。そのためには、iPhoneでも早くNFC（FeliCaなど、端末にかざして通信する技術）を使えるようにしてほしいですね。

神田外語グループ

神田外語グループ
スマートデバイスの特性を生かし教育ツールとして活用

外国語教育の専門機関として、専門学校と大学を運営する神田外語グループ。同グループでは、学生のスマートフォン所有率の高まりを受けて、新しい教育のツールとしてスマートデバイスの活用を推し進めています。

☛ **学生のスマートフォン利用率を見て、活用を思い立った**

　四年制大学・大学院を持つ神田外語大学、語学専門学校の神田外語学院を核とする神田外語グループは、e ラーニングの導入に早くから取り組んできました。その経緯から、スマートデバイスの活用に目が向いたのは当然の成り行きだったと言います。

　「最近、学生を見ていると非常にスマートフォン利用者が多くなりました。彼らがごく自然にスマートフォンを使いこなすのを見て、新しい教育手段としてこれを活用しない手はないと考えました」（神田外語グループ　理事・法人本部本部長　佐野幸治氏）

　スマートデバイスが実際に導入されるきっかけは、2012年夏のこと。大学学部生１〜２年次で必修の、「ELI（English Language Institute）」での授業を担当する外国人講師から、「学生に iPad を使わせたい」との要望が寄せられたことが始

3章 セールス現場が変わったのはどう変わった？

語学授業の教材に、iPadを導入

iPadの導入により、講師と学生のコミュニケーションがよりフレキシブルに変化した。

教員向けにiPad100台を導入

神田外語大学の教授会の様子。教員にはiPadが配布され、資料はペーパーレス化されている。

まりでした。検討の結果、先行的に実施することになり、2013年4月から学生120人に対してiPadを導入。ELIにおける授業に活用し始めたのです。

　iPad 導入にあわせて、教育ツールを作成するにあたり、ジェナのスマートデバイスアプリ制作ソリューション「seap」を採用しました。

　「以前から、広報用のアプリを制作会社に外注して作っていましたが、教育で使うとなると、制作する本数も多くなります。そのため、自分たちで簡単にアプリが作れるseapはもってこいのソリューションでした」（佐野氏）

　さらに、従来からeラーニングに取り組んできた同グループには、自前のコンテンツがすでにたくさんあったことが生きたといいます。

　iPad、及びseapの導入は、概ね好評をもって受け入れられています。神田外語グループでは、学生向けと同時に教授会の資料をペーパーレス化する目的でもiPadを導入しましたが、状況を見ているとさらに用途も広がりそう、とのこと。

　「教員向けに100台導入しましたが、使われている様子を見ていると、思ったより抵抗感もないようなので、今後

の活躍が期待できると感じられました」(佐野氏)

　本来の目的である講義用としては、大学の学部生向けに120台、専門学校の教室に備え付けるために25台、それぞれiPadを先行導入しました。

　「学生を見ていると、単に授業で使うだけではなく庭で自習していたり、カメラを活用していたりと、世代にマッチしているためか、まったく問題なく使えているようです。また、教室備え付けのものはPC代わりに使っていますが、持ち運びが容易で好評です」(佐野氏)

👉 課題は「教材コンテンツの充実」

　iPadの先行導入がスムーズに行われたことを受ける形で、神田外語大学では、2014年度から新入生全員のiPad導入を決定。現在、iPad用教材コンテンツの拡充に取り組んでいます。現在、それに向けたiPad用教材コンテンツの拡充に取り組んでいます。

　特に、現時点でデジタル化されているものが非常に少ないアジア各国の言語、タイ語、ベトナム語、インドネシア語など、他にはない分野をseapでコンテンツ化していきたいと考えています」(佐野氏)

ビジュアルシフト

東京會舘

東京會舘

導入のきっかけは社長の発案
iPad活用で目指す商談の効率化

ウエディングプランナーによる婚礼商談の場で、iPadを使用しているという「東京會舘」。iPadを導入したいきさつや現在の取り組み、使用するメリットなど、マーケティング部・小橋愛子氏のお話を交えてご紹介します。

☞ **会議の効率化を目指し
　iPadを導入したが……**

　1922(大正11)年に創業された「東京會舘」。千代田区丸の内、皇居を臨む都心の一等地をはじめ、浜松町、日比谷などで、格調高い宴会場と本格的フランス料理を提供する、わが国を代表する国際的な社交場のひとつです。

　各種宴会やイベントだけでなく、結婚式場としても利用されています。東京會舘では、ウエディングの分野でスムーズな商談を行うため、スマートデバイスを使ったプレゼンテーションを取り入れています。

　最初に導入したのは、2011年のことです。その時の理由は同社社長の発案で、会議の効率化を促すためでした。参加者に会議で使ってもらうためにiPadを8台購入したものの、いつしか使われなくなってしまいました。その後、ジェナの提供するスマートデバイスアプリ制作ソリューション「seap」と出合ったと言います。

seapで制作されたオリジナルアプリ

各アプリを起動することで簡単に会場や料理のイメージや動画、会場の図面など必要な情報にアクセスできる。

「導入を決めた一番の理由は、専門的な知識がなくても、テンプレートを選択してコンテンツを入れ込んでいくだけで、簡単に自社のオリジナルアプリを作成できることでした。アプリの作成方法が非常に簡単で、コンピュータやシステムの知識がなくてもすばやく、簡単に作成することができました」（小橋氏）

　さらに、seap の導入を決めた理由として、東京會舘のビジネス上、伝統と格式をアピールすることが重要な要素である点が挙げられます。

　「ブランドイメージを重視する当社にとって、ロゴを使用したり、アプリの名称を自由に設定したりできる点もとても魅力でした。seap ではアイコンを自由に設定できますので、そんな作業も簡単にできました」（小橋氏）

　現在は、実際に商談を行うウエディングプランナーが、現場目線でより訴求力あるアプリを自ら作成しています。

☞ **iPad では圧倒的な数のビジュアルを見せることができる**

　婚礼の商談で重要なのは、お客様自身のウエディングシーンを、どれだけリアルにイメージしてもらえるかにあります。実際の披露宴会場を見学してもらうのが最も効果

的ですが、会場が使用中だと見てもらうこともできず、具体的なイメージを持ってもらうのは難しいのが現実です。そこで、東京會舘ではiPadでたくさんの画像を見せ、お客様にイメージを膨らませてもらう方法を採用しました。

「seap導入後は、商談の効率化を感じました。披露宴会場を別日に改めてご見学いただかなくても商談が進みます。お皿やリングピローなど披露宴で使用する道具をお見せする際も、保管場所まで実物を取りに行く必要もなく、iPadで画像を見ていただくだけで十分なイメージを持っていただけます」(小橋氏)

今後、東京會舘ではお客様の要望をより汲み取るために、アンケート形式のアプリを作成し、商談でのヒアリングシートとして活用する予定があるとのことです。加えて、ウエディング商談以外の現場でも活用できないか、考えていると言います。

「レストランでのメニュー表示や、サイネージとしての活用を検討中です。料理の『シズル感』を高画質の画像や動画でアピールすることで、料理のイメージを豊かにしていただき、注文・売上のアップにつなげていきたいと思っています」(小橋氏)

Interview

PFU

ScanSnapがもたらす
ペーパーレスビジネススタイル

☞ ScanSnapで
スマートデバイス活用を加速する

——御社のスキャナ「ScanSnap（スキャンスナップ）」とスマートデバイスの活用法について、ご紹介ください。

松本：オフィスには、紙カタログやプレゼン資料、帳票の類まで、大量の紙メディアがあります。これらをスキャナ経由でデジタルデータに変換し、スマートデバイスに転送して活用する、というのが基本的な流れになるでしょう。

　いったんデジタル化した情報は、クラウドサービス経由や、Wi-Fi経由など、いろいろな方法でスマートデバイスに転送することができます。特に、今まで大量の紙資料を持ち歩いていたような仕事では、これだけでも大きな業務改善につながるはずです。従来、スキャナはPCと接続して使うのが一般的でしたが、当社のフラッグシップモデル(ScanSnap iX500)では、本体で紙データをスキャンした後、PCを経由せずに直接スマートデバイスに転送することもできるようになりました。

☞ ビジネスにおける
ドキュメントスキャナの役割

——では、スマートデバイスに限らず、ビジネスシーンで

3章　Interview PFU

Hideki Matsumoto
松本秀樹
株式会社 PFU
イメージビジネスグループ
国内営業統括部長

ScanSnap シリーズのフラッグシップモデル iX500。25 枚 / 分の高速読み取りを実現。

iX500 ではスマートデバイスにスキャナから直接データ送信が可能（別途、専用アプリや無線ルータが必要）。

ビジュアルシフト

のScanSnap活用法についても教えてください。

松本：一般ユーザーはもちろん、小規模オフィス、さらにはビジネスの場において「一人一台」で使えるドキュメントスキャナとして、多数ご利用いただいています。

ドキュメントスキャナは、紙の情報を手軽にデジタル化するツールです。具体的な活用法ですが、まずはカタログやプレゼンテーション用資料など、紙ベースの営業資料、保守・メンテナンス向けの手順書、サービスマニュアルなどをデジタルに変換するというのが、わかりやすい例です。スキャンしたデータをスマートデバイスに取り込んで、どこでも読めるようにするのが、入り口として取り組みやすい方法です。

また、ドキュメントスキャナは窓口業務でもよく使われます。金融機関を中心に、サービスの申し込みや各種手続きにはまだまだ紙への記入が必要。サインや印鑑が求められる局面も多くあります。これら、紙の書類をデジタル化するのにはどうしてもスキャナが必要です。

加えて、最近では企業での導入が著しいクラウドサービスへの入力デバイスとして用いられるケースも増えてきました。各種名簿や個人情報が書かれた紙は手元に残さず、

瞬時にすべて電子化してセキュアなサーバーに保存する。こうすることで、紙が持ち出されるという情報漏洩リスクを下げることができます。

👉 ファイリングと「捨てるため」のスキャニング

——持ち運ぶ以外に、スキャンしたデータの主な利用方法は。

松本：次の2つが挙げられます。ひとつは、スキャンした電子データをクラウドや社内ネットワークにアップし、社内外での情報共有や保管を行うこと。この場合は、データの管理ノウハウが重要です。従来のオフィスにおける「ファイリング」スキルだと思っていただければ結構です。当然、始める前にきちんと整理するためのルールづくりが必要です。どういうジャンルで分けるのか、どこのフォルダに入れるのか、ファイル名は……などです。

　もうひとつは、捨てるためのスキャニング。

　書類やカタログなど「たぶん使わないが、万が一のため」にとって置いてあるもの、結構ありますよね。こうしたものをスキャンして、原本は捨てる。業務の生産性を上げ、書類に埋もれる状態から脱することができるでしょう。

4章

今後のコミュニケーションの
あり方とは？

企業にも押し寄せる「ビジュアルシフト」の波

　電子カタログの導入がもたらすものは、単に紙からデジタルへの変換による業務の効率化にとどまりません。どこからでも情報の受発信やデータのやり取りが可能になったことはワークスタイルの多様化をもたらし、紙がデジタルに置き換わったことで表現の可能性はより多様化、すなわち「ビジュアルシフト」をもたらすというのがこれまで繰り返してきた本書の主張です。

　本章では、少し先の未来を見据えつつ、ビジネスにもたらす変化をより詳しく見ていきます。そして、マーケティングやコミュニケーションに携わる方が今後どんな手を打つべきかについても触れていきます。

ビジュアル重視の戦略が、
新たなマーケットを開く

スマートデバイスは、ただハードウェアを導入するだけでは意味がない、ということはここまでにご紹介してきました。それでは、重要な「中身」、つまりコンテンツについて、最後にビジュアルのリッチ化という観点から掘り下げていきましょう。

☛ さらに企業ニーズに応える
タブレットの進化

　この先、ビジュアルコンテンツの閲覧環境はどのように発展していくのでしょうか？　その兆候は、すでに目の前にあり、2014年の秋にアップルが発表した iPad Air 2 がそれを端的に表しています。

　この最新タブレットは、9.7インチのフルサイズ画面を維持しながらも、厚さが6.1ミリと、前モデルの7.5ミリからさらに薄くなり、初期モデルの実に半分以下にあたる世界最薄の数値を実現しました。これにより、携帯性が一層高まっています。また、2048×1536ピクセルの解像度で肉眼ではドットを判別できない Retina ディスプレイは、新たに反射防止コーティングが施され、コンテンツの表示クオリティは一段と印刷物のそれに近づきました。

　さらに、高度な指紋認証システムである Touch ID を搭載

4章 今後のコミュニケーションのあり方とは？

世界再薄のタブレットとなった「iPad Air 2」をアピールする米アップルのティム・クックCEO（2014年10月、米カリフォルニア州の同社本社）。
(c)ZUMA Press/amanaimages

したことでセキュリティと利便性も大きく向上し、これを応用した電子決済技術の Apple Pay が各国で開始されれば、近い将来には電子カタログから直接、購買へと消費者を誘導することが簡単かつ安全に行えるようになるのです。こうした流れを受けて、1章でも触れたアップルと IBM のビジネス連携も本格化してきており、企業をバックアップするセキュリティツール、分析ツール、管理ツールなどの充実が行われています。

☞ タブレットへのシフトがもたらしたインパクト

　スマートフォンもタブレットも「できること」には大差ありません。ではなぜ iPad が、ある部分においてはスマートフォンの登場を上回るほどのインパクトを人々に与えたのでしょうか。

　そのポイントは「画面の大きさ」。単純な話ですが、スマートフォンより大きな画面を持つことが、最大の要素だと言えます。画面サイズが大きくなると、ユーザーに対して与えるビジュアル面でのインパクトがより大きくなります。仮に、写真集をスマートフォンで見るとしましょう。解像度こそ最近は急激に向上しましたが、画面サイズが 3 〜 4

インチである以上、物理的な「見た目」には大きな変化はなく、ユーザーに「迫力」を与えることはなかなかできません。一方、7〜10インチクラスの画面を持つタブレットでは、スマートフォンとまったく同じ画像、映像を表示させたとしても、受けるインパクトは大きく異なります。

　こうしたことから、コンテンツを制作する側には、スマートフォン以上に「ビジュアル面」での工夫が求められるようになりました。大きくなった画面を最大限に活用し、ユーザーにインパクトと感動を与えるものをつくらねばならないからです。

　スマートフォン、それに引き続いて登場したタブレットなどの「スマートデバイス」は、従来ノートパソコンや高機能携帯電話が持っていた以上のインパクトを私たちユーザーに与え、さらにビジネスシーンにおけるこれらデバイスの活用という道を開いたのです。それに伴い、ハードウェアばかりではなくソフトウェア、たとえば制作ツールの分野でも、Adobeなどが次々と電子コンテンツ制作に用いるソフトウェア類を開発。現在では、制作したいものやコンテンツの規模、予算に応じてさまざまな選択肢がとれるようになりました。

☞ **スマートデバイスで変わる
「コミュニケーション」のスタイル**

　インターネットやイントラネットを中心としたインフラの整備、データ転送の高速化、クラウドサービスの普及は、スマートデバイスを急速に普及させ、企業内はもとより企業と顧客間のコミュニケーションも大きく変えました。

　若者がスマートフォンを利用する理由として、LINE や Twitter などの SNS、コミュニケーションツールが必要とされていることがよく挙げられますが、同じことがビジネスの現場にも言えます。スマートデバイスを使う「企業人」が増えることで、いつでも、どこでも情報に接し、発信することができ、顧客との距離も縮まってきました。

　また、スマートデバイスへの注目が集まると共に、電子カタログそのものも進化してきています。商品、企業のブランディングに活用する「ブランドブック」、直接の商品紹介、説明に用いる「動くカタログ」「取扱説明書」など、形はさまざま。単に紙媒体をデジタルデータに置き換えた「見るだけのカタログ」だけではなく、e コマースと連動しビジネスに直接活用できるものや、SNS と連携してユーザー (顧客) とダイレクトにコミュニケーションを取れる

ようにしたものも登場してきました。

　これらも、顧客とのより密なコミュニケーションを目指した結果と言え、紙媒体では伝えられないこと、伝えきれないことを「電子媒体」の力で効果的に伝達することが、これからは当たり前となっていくのです。

☞「ビジュアル大量消費時代」の幕開け

　こうした流れの中で、人々が日常的に目にして処理するビジュアル情報の量は、かつてないほど増大しています。それも、10年前であれば静止画中心だったものが動画にシフトし、さらに、誰もが簡単にビジュアルデータを作って公開する環境の整備も進みました。まさに「ビジュアル大量消費時代」の幕開けです。

　そして、かつては、企業が情報やテクノロジーの活用を率先して行い消費者をリードする構図でしたが、今では一般の生活者のほうが時代を敏感に感じ取って先端を走り、企業がその後を追いかけるような逆転現象も起こっています。しかも、小回りが利きにくい大企業ほど、SNSの閲覧や書き込みに制約を課してしまい、中小や新興の企業に遅れをとるという状況が目につきます。

電子カタログについても、現時点で活用例の多い業界は、自動車メーカー、カメラなどの精密機械、化粧品、時計、宝飾関係など、顧客に「もっとビジュアルを見せたい」と考える企業が中心です。もっとも、BtoB企業を含めた他の業界であっても、生活者の半歩先を進まないことにはマーケティングの成功はありません。スマートデバイスの普及がもたらしたワークスタイルの変革や、セールススタイルの変化を身近に感じ取り、目の前にある先端的な事例や新しい考え方から積極的に学んで、見習うべきところは率先して取り入れるべきです。

　そのひとつの、そして大きなキーポイントとなるものが、本書のテーマでもある「ビジュアルシフト」によるコミュニケーション変革です。「伝える」から「伝わる」への意識の転換を促すものは、ビジュアル中心へと変わっている時代そのものと言えるでしょう。そこでは、わかってもらうのではなく、一目見るだけでわかるようなコンテンツを作り出すことが、何よりも大切なのです。

☞ ==ビジュアル化は企業の「資産」となる==

　コンテンツの「ビジュアル化」には、どうしてもコスト

がかかるイメージがあるかもしれませんが、すでに2章で述べたように、一度作った素材は流用できることを考えると、さほど大きなコストとはなりません。将来に意味のある「投資」であり、不動産や機械、製品在庫と同じように、ビジュアル素材も立派な「資産」なのです。いずれにせよ、今後はスマートデバイスの進歩、通信環境をはじめとするITの進歩は、より一層「ビジュアルコンテンツ」の重要度を増していくはずです。

　YouTubeやニコニコ動画などのネット動画投稿・配信サービスが、これだけ社会に影響を与える存在になるとは誰が予想できたでしょうか。また、デジタルカメラや携帯電話へのカメラ搭載の普及によって「デジタル写真」が広く一般に普及しましたが、今後は動画を含め、さらに活用されていくことは間違いありません。

　スマートデバイス、そしてビジュアル要素の活用が、ビジネスを次なるステージへと進化させる「必要条件」になる時代が、すぐそこまで来ているのです。スマートデバイスの普及と共に、ビジュアルコンテンツの大量消費は常識化していきます。私たちがコンテンツに対する考え方を改めるときは、まさに今なのです。

Special Interview

スマートデバイスが革新する、企業のビジュアルシフトとは？

スマートデバイスの普及とともに注目される「ビジュアル重視」の流れ。写真・映像など、ビジネスにおけるビジュアル活用の老舗・アマナグループCEO・進藤博信氏と、早くから企業のビジュアル化を提言し続けてきたテクノロジーライターの大谷和利氏に、企業が今後直面する「ビジュアルシフト」時代について語っていただきました。

☛ スマートデバイスの普及とともに注目される「ビジュアル重視」の流れ

大谷：1990年代以降、コンピュータやインターネットが一般の人々にも普及しました。21世紀に入ってからは、スマートフォンやタブレットなど、メディアの消費に特化したスマートデバイスが登場しています。進藤さんは、こうした現状をどう捉えていますか。

進藤：インターネット、スマートデバイスなどが普及する中で、私たちは次の2つのことを唱えています。

第一に、今世紀に入って「ビジュアルコミュニケーション用のコンテンツが大量に消費されている」こと。第二に、「広く告げるコミュニケーション」から「個人に向けたコミュニケーション」へと変わっていることです。

私たちはイノベーションのテーマとして上記の2点を大

Hironobu Shindo
進藤博信（写真左）
株式会社アマナ　代表取締役社長

Kazutoshi Otani
大谷和利（写真右）
テクノロジーライター

きな変化として捉え、それに基づいて行動してきました。21世紀も10年以上過ぎた今、ようやく私たちの想像したような時代になりつつあるのかな、と。現状では、ワクワク感半分、怖い気持ち半分、といったところでしょうか。

大谷：確かに、紙メディアが中心だったころは個別に伝えていくことが難しく、「広く伝える」のが基本……というより、そうするよりほかなかったわけですね。ところが近年、デジタルメディアの登場によって「個」に対しての発信ができるようになりました。また、CGや動画コンテンツなどのリッチメディアも、以前に比べてはるかに身近なものになっています。

進藤：最近話題の「ビッグデータ」をマーケティングに活用すると、顧客一人ひとりのライフスタイル、一人ひとりのトーン＆マナー、一人ひとりの好き嫌いを、メーカー側で掴めるようになります。これが「広告から個告の時代」に変わる大きなきっかけになるのではないかと思います。

大谷：新しい時代に向けて、顧客企業へのアプローチは具体的にどうされていますか。

進藤：私たちは近年「電子カタログ」というものを提唱しています。

もっとも、個人的にはネーミングが気に入っていないのですが……。なぜかというと、紙のカタログが大前提としてあり、それを電子化したものが電子カタログだと、メーカーの人が捉えてしまいますから。しかし、私たちの考える「電子カタログ」は、それとはまるで違うものです。

電子カタログのあるべき姿というのは、スマート化された各種デバイス上での「究極のコミュニケーションツール」だと考えています。

デバイスを通じた企業とコンシューマーのコミュニケーションが、実際にショールームへの誘導や、eコマースのボタンを押してもらうなどの「アクション」につながるものにならなくてはいけない。企業がどうやってファンを獲得していくか、ロイヤリティの高い顧客を獲得していくか、そのために役立つコミュニケーションツールが、私たちの言う「電子カタログ」なのです。

ですから、実際にはカタログというよりも「プロモーションソフトウェア」とでも呼ぶべきもので、ブランディングからプロモーション、マーケティング、eコマースまで、すべてがワンパッケージになっている。かつ、全世界の自分たちのファンと結びつくことができて、さらにそれが収

益につながる仕組みです。

大谷：なるほど、その意味では「電子カタログ」というネーミングが、人々の想像力を働きにくくしてしまっているかもしれませんね。

進藤：そうなんです。

　今、大切なのは、発想を逆転させること。デジタルデバイスがここまで進化し、広く浸透してくると、逆に紙メディアやイベントのあり方が、今まで以上によく見えてきます。

　企業も、マーケティングをプランニングする私たちの側も、紙から電子カタログに行きつくのではなく、電子カタログを前提にして従来のメディアをとらえ直す。これが、電子カタログ時代の夜明けに必要な考え方でしょう。デジタルデバイスが普及しても、紙のメディアを捨てるわけではありませんからね。

☞ **企業が変わるには、
　まずマネジメント層から**

大谷：日本の場合、企業がまだ保守的な考え方をしており、今おっしゃった「逆転の発想」ができていないところが多いと思われます。新たな時代に企業が対応していくには、どうすればよいとお考えですか？

進藤：まずマネジメント層が大きく変わらなければならないと思います。もっとも、日本の場合は、大きな外圧がないと難しいかもしれません。黒船が来て慌てて変わる、いつものパターンですね。

ただ、最近メーカーは時代の変化に敏感になってきています。以前は広告会社が最先端の感度を持っていましたが、今は一般の企業も負けず劣らず先進的です。

☞ メディア消費時代に沿った「オウンドメディア」の隆盛

大谷：先ほどのお話にもありましたが、広告会社もまだ従来の枠組みに引きずられているところがあります。一方で、企業側はオウンドメディアの活用に力を入れ、自分たちで情報を発信するようになってきましたね。

進藤：コンテンツがよりいっそう消費される時代が訪れるということは、膨大な数のコンテンツが必要とされるということです。

たとえば、スマートデバイスは2020年、全世界で500億台に達するというデータもあり、ベッドにも、トイレにも、冷蔵庫にも、ガス台にもスマートデバイスが付くといった話をよく聞きます。そして、そのすべてでビジュアルコ

ミュニケーションが行われ、それがクラウドに上げられてビッグデータとして解析される、利用される時代になっていく。

そのような流れの中で、企業はオウンドメディアを持つ意味に気がつき始めているのです。ごく簡単に言えば、メディアを通じた顧客や顧客候補の囲い込み戦略ということですね。

👉 ビジュアルコミュニケーション重視時代のトレンドとは

大谷：ところで、スマートデバイスの登場をきっかけに、ビジュアルコミュニケーションが重視されるようになりましたが、何かお気づきの点はありますか？

進藤：「一目瞭然」なコミュニケーションが求められるようになったことは大きいですね。受け手との短い接触時間、たとえばわずか数秒の中に「物語」を盛り込み、コミュニケーションをしていかなければならない。そんな時代に、ビジュアルコミュニケーションはピッタリ符合します。

何かをしながら操作するスマートデバイスでは、今後ますますビジュアルコミュニケーションへのシフトが加速するのではないかと思います。

大谷：ビジュアルシフト時代に対応する中で、気をつけなければいけない点は何でしょうか？

進藤：いかにコンテンツの制作を合理化、クラウド化できるかに尽きます。20世紀型の、大勢の人間を動員して膨大なコストをかけるようなつくり方をしていると、時間や予算がいくらあっても足りません。このために、メーカー側も、我々の側も知恵を出し合わなければなりません。

CADデータやCGの活用はもちろん、我々が提唱している、クラウド上にクリエイティブプラットホームを作り、我々もクライアントもサードパーティもそこにアクセスして、クラウド上でコンテンツをつくっていく、というところまでいかなければなりません。

大谷：では、現状ビジュアルシフトに踏み込めていない企業は、どこから手を付ければ良いでしょうか。

進藤：ビジュアルコミュニケーションを駆使しての「高付加価値戦略」は、今後の企業活動において重要だと思われます。しかし、社外とのコミュニケーションを管轄する宣伝部や広報部の企業内ポジションは低く、社内での発言力が弱いケースも少なくありません。

それならば、社内でのビジュアライゼーションを先行さ

4章　Special Interview 進藤博信 × 大谷和利

せるというのもひとつの手段です。社内でも言葉だけのコミュニケーションではすれ違いが起こると言われます。今はどこのメーカーでも商品開発のサイクルが短くなっており、社内でのビジュアライゼーションも非常に重要となってきています。商品開発などの「川上」からビジュアライゼーションを行っていれば、ユーザーとのビジュアルコミュニケーションまで、スムーズな流れで行え、結果として高付加価値戦略へとつながるのではないでしょうか。

大谷：宣伝部だけがビジュアルコミュニケーションについて考えるのではなく、各部署が自ら動いていくような体制が重要だということですね。

進藤：欧米では企業トップが、自社のビジュアルコミュニケーションをチェックしています。日本でもそれが当たり前の世界になっていくべきではないでしょうか。

進藤博信
フリーの写真家を経て、1979年に広告写真の制作会社を設立。撮影や受託制作に加えて始めたストックフォト事業で国内最大級の会社に。現在、広告企画、映像制作など総合的にビジュアルコミュニケーション事業を展開するアマナグループ27社をCEO（最高経営責任者）として統括する。

大谷和利
本書監修者。次ページにプロフィール掲載。

協力：株式会社アマナ

ビジュアルで人の心を動かすプロフェッショナル集団。2500万点のストックコンテンツを販売するほか、豊富なクリエイティブリソースと高度な技術によって、広告ビジュアル、テレビCM・アニメ、Web、電子カタログ・APPなど、企画から制作までワンストップで提供し、広告・セールスプロモーション領域を中心にビジュアル・コミュニケーション事業を展開している。

http://amana.co.jp/

装丁・本文デザイン　長澤豪　新津理仁（アマナ）

監修：大谷和利

テクノロジーライター、原宿AssistOn取締役、NPO法人MOSA副会長。Macintosh専門誌、デザイン評論誌、自転車雑誌などの誌上でコンピュータ、カメラ、写真、デザイン、自転車分野の文筆活動を行うかたわら、製品開発のコンサルティングも手がける。近著に、『Appleの未来』（アスキー新書）、『成功する会社はなぜ「写真」を大事にするのか　一枚の写真が企業の運命を決める』（講談社現代ビジネス刊）など。

ビジュアルシフト
いま成功する電子カタログのつくり方

発行日　2015年2月10日　初版第1刷発行

編　集　宣伝会議
協　力　アマナ
監　修　大谷和利
発行人　東　英弥
発行元　株式会社宣伝会議
　　　　〒107-8550
　　　　東京都港区南青山5-2-1
　　　　電話：03-6418-3320（販売）
　　　　　　　03-6418-3331（編集）

印刷・製本　シナノ書籍印刷株式会社

2015 Printed in Japan
ISBN978-4-88335-289-0　C2063

無断転載を禁じます。
乱丁・落丁の場合は、お取り換えいたします。
販売部（03-6418-3320）、またはお求めの書店までお申し出ください。